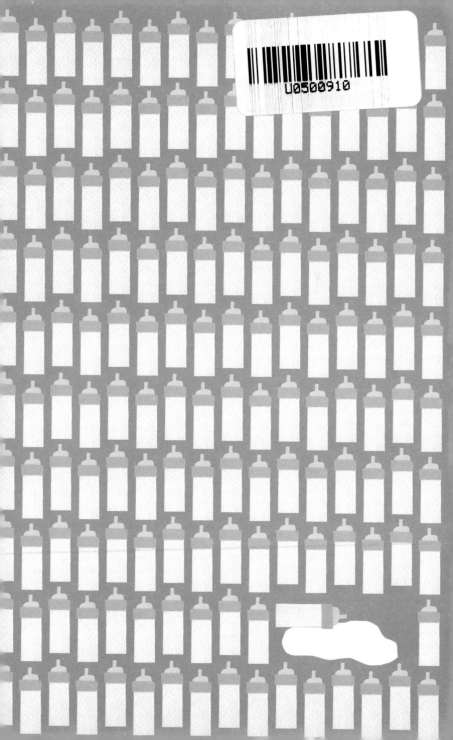

U0500910

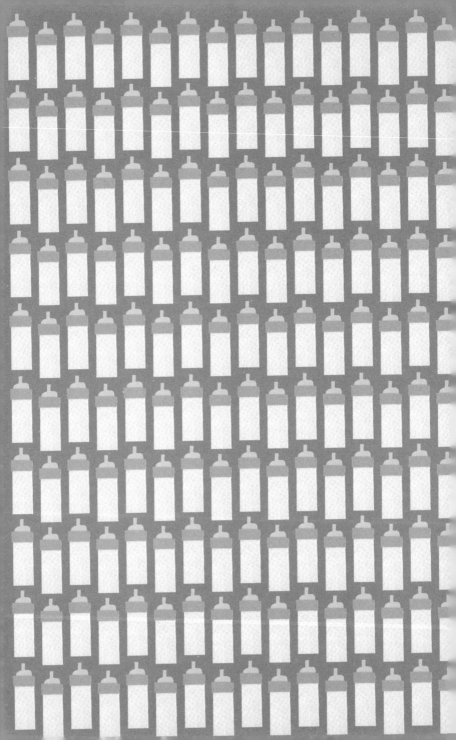

献给我的妈妈、爸爸和姨妈，

你们养育我长大成人。

也献给乔纳森，

你让我感觉成年就像是童年最美好的部分。

新手爸妈俱乐部

Welcome to the Club

100 Parenting Milestones
You Never Saw Coming

100个必须记录的关键时刻

〔美〕拉克尔·达派丝 • 著

肖志欣 • 译

北京联合出版公司
Beijing United Publishing Co.,Ltd.

每个新手爸妈都需要这本书！它用严谨科学的态度告诉你：孩子哭闹该怎么办？母乳不足时怎么解决？带孩子出门怎样合理规划妈咪包？怎么避免和伴侣打起来或者彼此怨恨……太实用了……然而我是瞎扯的。真相是：以上这些问题，这本书统统不能告诉你答案。因为这些问题，根本就没有正确答案。然而！这本书仍然值得成为每个新手爸妈的枕边书，因为它做到了一件事：让你发笑！在成为新手爸妈的手忙脚乱、极度焦虑和自我怀疑中，你最需要的，也许除了科学观和方法论，还有这个：放松下来、笑一笑！笑，是应对一切困难的灵丹妙药。简言之，这本书就是一个大型新手爸妈吐槽现场，作者的脑洞能让你笑出眼泪，然后被深深治愈：原来每个小孩都这么难搞！原来我也没做得很糟！所以，就像作者贴心的提示一样，这本书，你不用一口气读完。但是，绝望的时候（带孩子常常让人绝望）翻几页，你会感觉好多了。

——李丹阳 | "年糕妈妈"创始人

这是一份让新手爸妈笑出声的礼物。在屎尿屁齐飞、眼泪与欢笑共舞的日子，作者用幽默拥抱所有父母共有的失败感与孤独感，和我们一起迎接育儿路上最初始也是最富挑战性的时刻。

——粲然 | 作家、亲子共读推广人

作为一本以新父母为对象的书，应该把怎样的育儿图景与读者分享？不粉饰太平，但也绝不刺激焦虑。不树立所谓"完美父母"的榜样，而是充满恳切细致的经验和举重若轻的智慧。在这方面，这本小书极为出色。

为人父母是什么感受？就我个人而言，鸡飞狗跳的时候多，风轻云淡的日子少，生活的常态，基本上，就是按下葫芦起了瓢。所以读到这本书，虽然与作者相隔万里，却有莫名的亲切感，常被书中的一个个小片段，拉回到女儿小时候，忍不住微笑，或皱眉，在心里默默应和：对啊！就是这样。

养儿不易，很多事，对孩子来说是第一次，对父母来说又何尝不是从未有过的经历。这时候父母们最需要的，是一个坦诚、乐观，又经验丰富的朋友。不仅仅提供"我和你一样"的安慰，还有"我们都可以更好"的信心。因为这里点点滴滴的记录，慌乱中总有惊喜，疲累过后是温柔满溢。

——钟 煜｜资深育儿媒体人

我是两个孩子的爸爸，一个叫小哈，一个叫小哼，有时候他们挺让我抓狂的。不过想想：抓狂的父母多了去了，我算老几？其实，他们带给我许多的快乐。《新手爸妈俱乐部》分享了孩子的N个"第一次"，原本让人抓狂的"第一次"，也可以让人很快乐。欢迎你加入新手爸妈俱乐部的大家庭。

——哈 爸｜大V店创始人

父母的情绪会感染孩子。如果我们能像作者一样，无论多尴尬难搞的情况都充满自嘲地幽默一把，这样的精神也会潜移默化中传递给孩子。如果你正准备迎接一个新生命，本书将为你提供充分的心理建设；如果你正处于水深火热的育儿Hard模式，本书将向你展现一个全新的视角，魔术般将你下一秒涌出的泪水，化解为轻松一笑！

——常青藤爸爸｜耶鲁学霸、超级奶爸

成为父母是我们此生最大的冒险，同时，也是我们此生最大的幸福。本书幽默而又满怀爱意的叙述，让我想起初为人父时的各种手忙脚乱，但更多的记忆，则是那些意料之外的惊喜瞬间。任何第一次，都是唯一的、不可替代的第一次。孩子对我们生命的馈赠如是，弥足珍贵，绝难挽留，然恒久不忘。

——蔡朝阳｜独立教育工作者

目 录 Contents

序   II

早期时光   1

哎哟！   17

好恶心，请派援军！   29

和其他成人互动   39

吃、睡和其他灾难   53

小规模惊恐发作   67

玩具、游戏以及其他枉然的娱乐尝试   83

从传统育儿书里偷艺   95

"这一切溜得太快了！"   105

你从未见过的东西来了   117

致谢   130

序

我曾经买过一本宝宝成长纪念册，记录儿子的成长历程，我觉得这是为人父母应该做的。这本纪念册里有我期待的一切应有的重要时刻：长出第一颗牙、说出第一个字、迈出第一步路。此类书大抵如此。有时候它们会给出很有创意的"提示"，提醒你该为孩子记下什么。

当我第一次看到你的脸时，_____

与你共度的一天中，我最喜欢的时刻是 _____

你最近做的最可爱的一件事是 _____

另外还有一些日子，纪念册里也觉得非常重要，并罗列了出来。比如：他第一次乘车是哪天？他第一次洗澡呢？他第一次去小朋友家呢？15 秒钟后，我就失去耐心，用大写字母满纸乱涂："我再也不想让自己在乎这些破事儿了！""今天他会翻身了"，这不是什么我能在休闲时间逢人便讲的好故事，除非我希望把他们都催眠，以便偷走他们的 iPhone 手机或者用记号笔在他们的额头上画小鸡鸡。

不过，在某些日子里，我也会像其他妈妈一样，母爱爆棚，愿意把所有提示都写满。

当我第一次看到你的脸时，我眼含泪水地抱着你，你的存在占据了我的全部。

与你共度的一天中，我最喜欢的时刻是你蜷着两腿在我胸前安睡，就像一只小小的树蛙。

你最近做的最可爱的一件事是在牙科医生的候诊室里，冲着人们飞吻。

但这些回答并不是育儿经历的全部，还有另外一些回答同上面这些一样，也是现实的记录。在很多日子里，当我面对以上这些提示语时，本能反应是写下：

当我第一次看到你的脸时，我想跑进大森林里，躲避养育小孩的重任。

与你共度的一天中，我最喜欢的时刻是你在餐馆里拉臭臭时，没有尖声大叫："脱裤子！脱裤子！"

你最近做的最可爱的一件事是在塔尔波特超市的停车场里，

吃了一片知了壳。

与传统宝宝手册专注于记录宝贝的成长历程不同，这本书侧重强调我们成年人都会经历的育儿过程。我们本身并不需要一本书提示我们记录：

当他第一次把喷嚏打进你嘴里。
或者
我到底花了几个小时焦虑地猜测你所有的决定。

这本书不会让你三心二意、缺乏热情地去记录。书中记下的事，你可能永远都不会忘记。这本书会给出一个所有新手爸妈都会经历的事件列表，这些事件是爸妈们为了让自己看起来不那么庸碌无能，通常犹豫着不太去谈的。

这本书没打算让你一气儿读完，因为你能一气儿读完一本书的人生阶段，已经一去不复返了（抱歉我指出了事实真相！）。这本书也不打算给出全部的答案，或者任何一个答案，接纳育儿答案很多时候都因人而异。本书作者只想告诉你，你所经历的大部分事情都真实且正常，即使看起来充满了戏剧化。

这本书让你知道育儿有不同程度的艰辛。其中一些你用微笑和善意的白眼就可以搞定，另外一些则会让你几近崩溃地打电话跟亲友哭诉，希望从前的生活能回来，这些都没问题。这本书就像一位老朋友一样给予我们安慰和贴心提示，那些让你焦虑、千头万绪的事情统统都会过去。

对于每一个身在其中的人来说，抚养小孩都是一场全新的历程。你的孩子从一个宁静的、充满液体的子宫来到这个尘虑萦心、颠三倒四、五味杂陈的世上，而你从没有小孩的平静茧居生活来到了一个全新的世界，在这里你得花上几个小时用塑料镊子把干了的鼻屎从宝宝的鼻孔里清理出来。为人父母就是一次前路不可预知的疯狂马拉松，本书试着带领你庆祝这场混乱。

欢迎加入新手爸妈俱乐部。

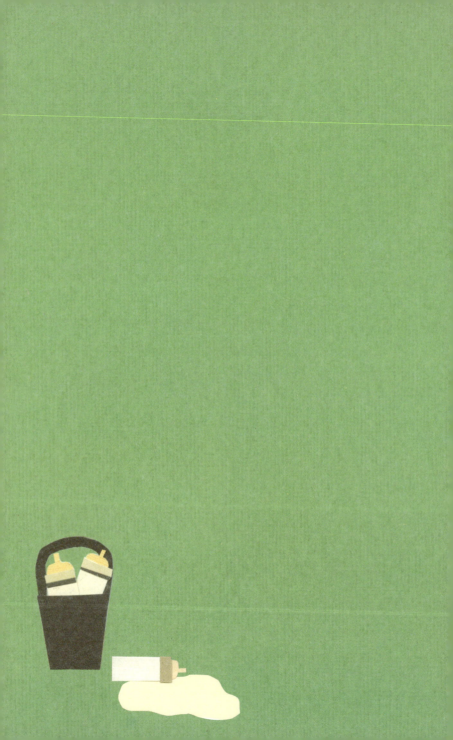

早期时光

THE EARLY DAYS

1

第一次抱起你的宝贝

刚刚生完小孩，一个护士过来问我："你想抱抱宝贝吗？"我回答："不！"因为我觉得自己还没准备好。

对有些人来说，抱小孩是地球上最自然不过的事；但在另一些人眼里，抱小孩只比抱手榴弹压力小那么一点点。对于我们这类定期摔碎 iPhone 手机屏的人来说，要对一个柔嫩软糯的人类生命负责这事儿实在压力山大，我们还不确定自己是否准备好担负这项工作。"看这儿，"护士会说，"这个迷人的小人儿头就像一颗仙女蛋！你知道吗，他对于你的意义胜过这世上的一切。我想把他放在你怀里，尽管你看起来笨手笨脚，恨不得每隔 15 分钟就要被笔记本电脑线绊倒一次。"

2

第一次打包尿不湿袋子

以前我常常为自己的极简出行感到骄傲，出门除了钱包、钥匙和手机，别的什么都不带。特别期待等到我 70 岁的时候，能再次回归这种生活方式。

小孩出门需要准备大量的东西。你永远都不知道他们什么时候会需要什么东西。假如你设想，"带小孩出门 40 分钟，需

要带多少东西呢?"答案是:"只比某人去俄勒冈之路旅行少带一点点。"好的经验是带上野外生存 4~6 个月所需要的一切。

3

第一个婴儿背带

1. 把婴儿贴身放在胸前,调整绑带以确保小孩稳固、安全。

2. 微笑着走出家门。祝贺你! 现在你已经成为一个真正的家长了,就像婴儿背带广告上的家长一样,只是你的头发好像最近没洗。

3. 迅速察看小孩,确认他能呼吸,因为他的脸埋在背带的面料里,有可能窒息。

4. 判断他还在呼吸并且一切都好。继续走! 人们看着你,心想:"多么温柔妥帖的人儿啊! 要是我当父母,我愿像这人一样笑容可掬,脸上带着妙不可言的满足神情,看起来特别自信!"

5. 再次检查孩子的呼吸。

6. 耸耸肩,朝前走。"噢,我真可笑! 我需要放轻松,很显然,他好着呢。人们每天都用这些东西。"提醒自己:其他灵长类动物,比如狐猴和猩猩也用类似的方式抱幼崽,发生窒息的概率很低。

7. 微笑! 为人父母是一种原始的满足!

8. 充满疑虑：狐猴到底是不是灵长类？？？

9. 因为你也没搞清楚婴儿背带到底安全正确地使用了没有，你决定用双臂托起背带，随即意识到如果你绊倒摔跤了，就会压在小孩身上。

10. 一边担心上述问题，一边再次确认小孩能够呼吸。你还是面带笑容吗？请保持微笑！

11. 证实小孩仍在呼吸。（你以为呢？到底该怎么证实？）

12. 走路姿势是一只手抱小孩，另一只手笨拙地伸出去，这样万一你被绊倒了，可以撑住自己不会压到宝宝。看起来有点像橄榄球运动员，一边护球，一边小心别被人撂倒了。

13. 才走过一条街区，想到根本不值得费这么大劲，你决定向后转，打道回府！

14. 回到家，发疯似的查说明书，看有没有提到婴儿在背带里有可能窒息、掉出背带或者被挤到的时候，可能会有哪些危险。沮丧地盯着详细安装图解，担心婴儿窒息的焦虑已经抵消了使用背带所带来的所有快乐。

15. 用谷歌搜维基百科，输入狐猴，没错，它们确实是灵长类。

4

第一次安装婴儿车座椅，
懊恼自己没拿个理论物理学博士学位

这件事鲜有人知：在相对论被广泛接受后，爱因斯坦向科学界又做了一次演讲，主题是如何正确安装婴儿车座椅。说明书难如天书，科学界对此的反应是挠头叫停："停！停！太难了！"

5

宝宝第一次拍照

好的新生儿摄影师必须技高一筹，因为大部分父母对此抱有不切实际的幻想，而大部分新生儿难看得就像《指环王》里的咕噜*。你家小孩长得就像非洲无毛裸鼹鼠和孩子爷爷缩小皱巴版的混合体，而新生儿摄影师大部分的工作就是转移人们的注意力，让大家不去关注这一事实。有些父母选择简约风格的摄影，走百货商场式的平民路线，另外一些则会请专业摄影师，价格区间从相当于一顿二人高级晚餐到一辆二手车不等。

一般来说，新生儿都不好看，但你的小孩在你眼里就是好看！他如此美妙，你目不转睛地盯着他，简直看呆了，惊叹他皱皱的双腿是如此完美。新生儿摄影师真正的工作是用柔光灯和各种萌萌的毛线帽打扮宝宝，尽量让别人看到的能和你眼里看到的一个样。

* 当然不是你的。你的小孩当然很可爱！难看的都是别人家孩子，对吧？

6

第一次意识到
所有那些装饰婴儿房的想法都不重要

　　我对室内设计完全没经验（直到几年前还在用牛奶盒子拼起来的家具），然而对于装饰婴儿房感到异常兴奋：一个宁静的婴儿房，一切物什井井有条，搭配完美，就像我以前在设计网站上看到的一样，有品位又不贵！房间对于低龄幼儿来说，足够舒适（用柔和的颜色），也能让稍微大一点的孩子感到愉悦（也用明亮的颜色）。我想要一个漂亮的图书角，用白色的树脂引水槽做成展示架（这是从分享设计的某个网站里得来的灵感），用针织的字母拼成小孩的名字贴墙上（这是在手工艺成品电商平台 Etsy 受到的启发）；我还想要一个木摇椅，和我的孩子一起长久地坐在里面，满足他对阅读永不餍足的爱；我幻想着自己慈母手中线，为他缝制一个小被子，尽管我完全不会针线活儿；我还找到一幅美丽的水彩画，决定把它装上画框挂到墙上。（你们要是从来没裱过东西，不会知道这有多贵，这回就会知道，装画框只比买金游艇便宜一点点。）

　　我喜欢为迎接儿子的来临装饰婴儿房吗？是的！据说为新生儿的到来准备一间漂亮的、色彩协调的婴儿房，就像是穿上正装穿越一场风暴。

7

第一次母乳喂小孩

乳房，据你了解可能是"让跳绳更别扭的东西"，或者"乡村歌手多莉·帕顿（Dolly Parton）背痛的原因"。然而现在，一个你才见到不久的小人儿想要从你的乳房里吸吮液体。

对此你可能产生疑问——

Q: 整个哺乳这事儿真像人们说的一样神奇吗？

A: 没错，是这样的，可能听起来有点奇怪，但是哺乳可以很神奇。它以一种安静的方式，带给你一种奇异的内心平和以及与另外一个人的连接感——对于一些人来说，哺乳真的很神奇。除了对孩子好，很多女性发现哺乳是值得的，有回报的，它强化了母婴连接的纽带，让母婴之间更亲密。

Q: 有没有不那么神奇的时候呢？

A: 有时候，对于有些人来说，不那么神奇。

Q: 嘿，嗯……只是假设啊，如果我是这些人中的一员呢？哺乳对我来说不那么神奇怎么办？

A: 等等，难道你没发现哺乳很神奇？

Q: 不！我的意思是我发现了！我发现哺乳有点神奇……

A: （做手势招呼别人过来）嘿，大家——看这个人哪，她没有发现哺乳很神奇！

Q：（跑进漆黑的走廊，躲开那些愤怒的村民，他们手持中世纪风格的火把在街上游走，冲人扔石头。）

好吧，我们有点跑题了，再次回到正题吧。

哺乳，用乳房哺育婴儿，就这件事儿，女性大致分为三类。

坚定的母乳喂养派

这太棒了。你正在这样做？你是一个超级大英雄。真心话，母乳喂养对婴儿来说很健康。是的，母乳喂养困难重重并且令人疲惫。是的，有时候你醒来，身体闻着就像馊了的牛奶，很恶心；有时候乳房里好像有东西，有点儿像核桃（那是什么东西？）；有时候你感觉自己就像一头奶牛，吸奶实在是太要命了，特别是同时你还要工作；是的，喂奶这事儿你的伴侣很难帮上忙，因为婴儿无法从爸爸松垂的胸肌里啜饮生命的甘露。但总体上母乳喂养还是很神奇的。你这么做了吗？太棒了，加 10 分给格兰芬多魔法学院！

半途而废派

"我当然要母乳喂养了。"我想，然后就开始尝试。

部分是因为我的奶量实在不够，别的妈妈就像收集母乳的松鼠一样，能用母乳把冰箱塞满；部分是因为我背疼和哺乳时感觉乳头在被小浣熊啃；部分是无论我听了多少建议，读了多少文章，所做的努力都不奏效，情况没什么改变。身边的妈妈们脸上都是阳光灿烂的，而我一直很犯愁，宝宝难受，身边的人也难受。

所以两个月后我就完全停下来了。就像金融行业的工作或者七分裤一样，适合一些人，就是不适合我。所以我儿子喝配方奶，对小孩来说可能没有母乳那么完美，但更充足啊（至少在我这个案例里是这样），并且他拥有了一个积极快乐、没有被自我怀疑压垮的母亲，而不是一个不开心、不断怀疑自己、整天想自己到底哪儿做错了的母亲。我不知道有没有人对此做过研究，但母亲的心态肯定是非常重要的。

不母乳喂养也从不尝试派

看——你真的不想母乳喂吗？那是你的决定。你爱孩子、关心孩子吗？你把自己拥有的资源尽可能都给孩子了吗？好极了，这多多少少是衡量好父母的标准。我就没被母乳喂过，我现在 30 多岁了，没得过肺结核，也没杀过人。

8

第一次带娃出门，你就忘带重要的东西

你决定用婴儿推车带孩子出门散步，走远点儿。你带她出来了，离家一英里远，她开始哭。猜了几十次之后，你终于能推断出她想要什么了——她的安抚奶嘴。没问题，你伸手去婴

儿用品包里掏——我的老天！不会吧，她的安抚奶嘴在哪儿？

出于某种原因（可能因为你从来就没睡过超过三个小时的不受打扰的觉），你忘了打包她的安抚奶嘴。以下是接下来会发生的：

1. 半径两英里内的父母都会收到一堆短信，警告你是一个糟糕的家长，说你不知道为什么，竟然忘了打包一样安抚女儿的东西。

2. 一个巨大的卡通箭头会在你旁边出现，指着你，告诉那些没在短信名单上的人，这就是那个糟糕的家长。

3. 附近四处嗅花边新闻线索的报纸编辑会联系你采访，并且迅速写出头条："本地父母能力不足，未能尽到父母之责。"终稿下边的评论区变成火拼的战场，包容和批评父母的两派带着仇恨与敌意开战。

4. 你的小孩会郁郁寡欢地长大，无法体验快乐。她最终会辍学，跟坏小孩儿混在一起，终其一生追寻难以得到的幸福，这幸福总是在即将抓到的瞬间从指间溜走。

我在开玩笑！你知道会发生什么吗？啥事都没有！小孩会哭一会儿，你最后回到家，把安抚奶嘴给她，她就完全好了！在回家路上，你会遇见至少四个家长，巨大的卡通箭头在他们的婴儿车上方盘旋。我的天啊，不要为这些焦虑了。

9

第一次你冒出这个念头：
"会不会要小孩是个错误？"

首先最重要的，如果你掠过这样的念头，不要惊慌，你不是一个糟糕的人。你不是！

有这个想法很可怕。

我确实有这个想法。

有些人大声坚持从未有过这种想法，被其他这样想的人吓呆了，但这种人很可能一个小时就要想四五次。

是这样的，"会不会要小孩是个错误？"这种念头并不意味着你认为要小孩是个实际的错误，而是你头脑里有一个声音在问："我真的为此做好准备了吗？"

当然，你还没准备好。没有人准备好，我还没见过哪个当了父母的人认为："是的，没错，这正是我所期待的！"

10

第一次你体会到爱你的宝贝

有些人读到这儿会想："等等，到底什么意思？在你第一次见到孩子的一瞬间，你就爱他。有时甚至在孩子出生前，你就爱他。每个人都是如此，不是吗？"假如你是这些人当中的一个，好消息来了——以下整段你都不用读，可以出去吃披萨了。

嗨！其余的人还在读吗？大家都靠近点——聚在一起，接下来的事情我就不用说得太大声。好啦，你准备好了吗？不是每个人都觉得立刻就能爱上他们的小孩。我知道我们都觉得当小孩被放在我们手臂里的那一刻，我们就应该立刻被爱的巨浪掀翻。但当我接过我儿子的时候，感觉多少有点像有人递给我一袋7磅重的土豆。*

你可能不会觉得立刻就爱上了你的孩子。对一些人来说，这感觉就像在跟一个完美的人约会，你觉得应该爱这个人，但出于某种原因就是不来电。有时候，小火花会忽闪一下。我对儿子的爱来自于我为他所做的一切，为所爱之人你才会做这些，但我没有感觉到我认为自己应该感觉到的爱。当人们问我是否深深地爱他，我或者撒谎说是的，或者交叉手指祈求好运："还没呢，不过随时有可能噢。"假如有人问我工装裤和宽松法兰绒衬衫会不会再次流行起来，我通常也这么回答。

---

* 如果想表达得更准确些，我感觉有人递过来一袋我刚刚从阴道里推出来的7磅重的土豆，这是我人生里最恐怖和痛苦的经历，因此我对这袋土豆怀恨在心。

是否删除
所有数据?

OK

哎哟！

OOPS

11

第一次宝宝用头意外
撞到你的嘴唇（鼻子或眼窝）

当你用手轻轻托住宝宝的头，这颗像鸡蛋壳一样脆弱的小脑袋瓜会突然莫名地撞向你的脸，就像一个保龄球向你冲过来，那感觉是如此令人吃惊。在某些时候，你抱着宝宝，他的脖子会撑不住头，就像长柄锤要捣毁一栋楼一样，他的脑袋直直地冲向你的脸。

12

第一次你的小孩滚下床/沙发/尿布台

大多数科学家都同意，小孩从好端端躺在床上到掉到硬木地板上哭得惊天动地，速度之快，理论上有可能摆脱黑洞引力。

照看一个床上的小孩就像在一个超级无聊的商场里当保安。你受雇于此，一连数月保持高度警觉，准备救人于危难，但时间一周一周过去，什么都没有发生。你戴着保安帽，穿着制服，每天上岗，预备好了在山姆古德音乐超市里追踪偷 CD 的小偷，或者等待追回现如今那些小屁孩偷走的随便什么东西，但一切如常。几个月后，你脑子里就会想："好吧！我想根本用不着这么谨慎。"你不再保持每周七天、每天 24 小时的警觉，而是开

始想些别的事儿，比如《科恩兄弟》里那个秃头演员叫什么名字，他还给保险公司做过广告（J. K. 西蒙斯）；或者一块炸面包有多少卡路里（116 卡）；或者怎么能有人把手机游戏《糖果粉碎传奇》打到 125 级（我不知道）；还有……哦……嘿！你的小孩掉地上了！

13

第一次你笨得要死穿了件松紧领的上衣

嗨，搭乘 2 号列车去往市郊的人们你们好！我猜你们都在想我的文胸到底长什么样儿，非常开心我今天就可以回答这个问题。这款文胸 14.99 美元，是我在一家上品折扣店买的，是肉色的，带钢圈，有可拆卸的后背十字交叉肩带。如果早知道人人都会盯着看，我就穿个更好的了，但此刻我忘了在 9 个月孩子的眼里，我更像一面攀岩墙，而不是会焦虑和羞愧的人类。好感激坐在我对面的那位男士，他拼命努力挣扎着把注意力放在自己的报纸上。

14

第一次小孩在一间
你自信有足够婴儿防护设施的房间里受伤了

你买了堵住电源插孔的小东西，对吧？还买了包住桌子边缘的泡沫桌角？你都买了？太好了！你也买了百叶帘细绳和避免门缝夹到小孩手指的 C 形东西？还有火炉把手？你把所有精致易碎的物品放到高架上，把所有刀和火柴一类的危险品放在小孩够不到的地方？太棒了，干得好！你用儿童门封好楼梯口了？还有彩色泡沫地垫呢？噢，等等，你装那个东西了吗？如果小孩在铺着地毯的过道里趔趔趄趄地走，绊在自己脚上，他不会摔倒在你父母给他买的刻着字母的梯凳上把嘴唇磕破。

　　小孩就是一块灾难吸铁石。我在一个装着软地毯、柜锁和儿童门的家里长大，然而我最早的记忆之一是：抓起一颗刚从爆米花锅里跳出来的玉米粒，伴随着滋滋的响声我被烫成一度烧伤，尽管我妈当即大喊："不！停！别碰！"

有时一想到小孩会受伤，你都要吓瘫了。是的，这无法避免，他们会烫到手指，会把手夹在门缝里，未来的某个时刻，可能还会心碎。即使你做了所有的防护还是无法阻止这一切的发生。

15

第一次小孩说了一个词，你希望他没说

当心：小孩会说一些让你笑，也让别人笑，还会让你巨尴尬的话。有时候他这么说，是因为听到你这么说（比如，所有的骂人话）；有时候是因为他口齿不清（比如，"那只大象想要一些阴茎"*）；有时候是因为你觉得是时候教给他关于生殖器的词汇了，结果他却在星巴克向女士们走过去，欢天喜地地宣布她们都有阴道。

---

* 你知道的，阴茎。乔治·华盛顿·卡佛用来做肥皂的东西；我姐对这东西严重过敏；给我买点阴茎和焦糖裹玉米花儿。阴茎。（应该是花生 peanuts，小孩念成阴茎 penis；乔治·华盛顿·卡佛是美国著名的黑人教育家、农学家，他从大豆和花生中提炼了300多种副产品。——译者注）

16

**第一次你花了近一个小时给宝宝做出门准备，
只留给自己半毫秒**

记得有一天，我花了大约四十分钟给宝宝做出门准备，在我准备搬婴儿车下楼时，我家先生说："尿布、湿巾、奶瓶、小毛巾，都带了？"我说："带了！"他又说："备换外衣、安抚奶嘴、防晒霜呢？"我说："带了！"他说："鞋呢？"我向他保证孩子穿上鞋了，先生说："是的，可是你没穿。"

我已经不止一次没穿鞋就差点出门了。我经常到下午两点才意识到自己还没吃饭，于是开始大口狂吞儿子的金鱼饼干。有一次，我都走到公园了，才意识到我脸上还挂着干掉的没抹匀的祛痘霜。

17

**第一次宝宝碰到你笔记本电脑上的按键，
永久删除了一些东西**

如果你长时间把 100 只黑猩猩放在 100 台打字机前，最终，某只黑猩猩会打出整部《哈姆雷特》的剧本；如果你把一个小婴儿放在键盘前超过 15 秒钟，他会下载 Adobe，删掉一本你还有一周就能完成的 730 页的小说，令人费解地往你的脸书页面上传了一张托马斯蒸汽火车头的照片。

小孩和科技先天不和。我可以很自信地告诉你，比你家小孩用计算机用得更令人恐怖的只有你父母*。

* 在我最开始写博客的时候，我妈热情洋溢地说，她把我的博客分享给每一个人了。后来我才弄明白，她把博客打印出来装订成册，发给她办公室里的每一个人，一个不落。

18

第一次你心里想着某样东西足够远，孩子肯定够不着，两秒钟后就在他手里了

一个小孩想伸手够某样东西时，他就像一个职业魔术师。"我下一个戏法儿是：轻松打翻二十尺远的一个酒杯，还同时从锁着的抽屉里抓出一把牛排刀。"

"这实在离谱，"你说，脸上带着实践怀疑论者自以为是的表情，抱着胳膊，根本不相信眼前这个小人儿会有什么魔术，"他这么小！他还被绑在座椅上！他不可能够到那个牛排刀 / 打翻玻璃杯 / 挣脱绑带 / 把女人锯成两半的。"

就像很多优秀魔术师告诉你的一样，魔术的全部要旨在于转移注意力。变戏法的时候，把观众的注意力转移到别的地方，确保他们没有全神贯注地盯着你看。在你把目光转回到他身上时，他已经挣脱了绑带，玻璃杯已经打翻，刀具已经抓在手里

（如果你极不走运，他可能已经握住牛排刀超过 4 秒钟了）东西被锯成了两半。根据东西或情境的不同，你可能需要叫上一个木匠或者一辆救护车来善后。

19

第一次孩子彻底毁掉你的一样东西

想知道跟一个小孩在一起的生活是什么样？就去看看老电影《哥斯拉》，但请在心里置换场景，把东京换成你以前的客厅。

想象你的客厅挤满尖叫的人，都在疯狂奔跑。哥斯拉进来了，它的爪子立刻捣毁了硬木地板——你本来想好好保持，转售房子时可以卖上价钱的。"出去！每个人都出去！"它吼叫着，无理取闹地撞向玻璃电视柜——"求求你，别，不要碰，那是结婚礼物"——碰倒茶几，打碎吊灯，玻璃碴子撒了一地。怪兽的叫声在回荡，它沿着宜家的床头书架爬上去，发出尖利刺耳的声音，同时把大卫·赛达瑞斯的书掷向瑟瑟发抖的路人。它粗重冒火的呼吸能烧掉一把深灰色垫脚凳，把装饰房间的古老的彭得顿毛毯化为灰烬——"天啊，人性何在！"——哥斯拉向你转过身来，它所到之处尽是混乱与废墟。你的朋友惊恐地看着，知道他们无能为力，没法救你。

20

第一次你忘了锁婴儿推车的轮子

假如有一场奥林匹克跑步比赛，参赛选手只有卡尔·刘易斯、尤赛恩·博尔特，以及想追赶滑走的婴儿车的我，在我把我的莱卡高腰跑裤提好之前，就已经获得耐克的品牌代言权了。我不明白为何汽车制造商还要大费周章，让车速在几秒钟内从0飙到60迈，婴儿推车制造商不是早在几十年前就发明这个技术了吗？

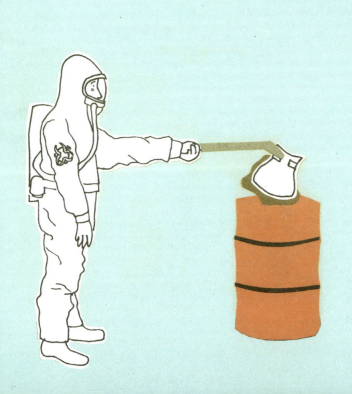

好恶心，
请派援军！

THIS IS DISGUSTING.
PLEASE SEND
REINFORCEMENTS!

21

宝宝第一坨可怕的便便炸弹

如果我们能够控制儿童便便的破坏性力量，美国就能轻易地将军费削减三分之一。不是吹牛，有一次我儿子胃病过后，拉红色的稀便便，制造了一场排泄物版的《权力的游戏》中的血色婚礼。

宝宝的便量既让人惊叹又让人彻底服气。我看到过一股便便窜上我儿子的后背和脖子，就像老式温度计的红色水银柱。有些衣服你会毫不犹豫地扔进垃圾桶，因为再洗干净这些衣物的想法是可笑的。你擦便便的时候，感觉就像处理"埃克森·瓦尔迪兹"号邮轮漏油事故现场，你会想："每个人都用这么多湿巾吗？"

22

宝宝的第一坨便便炸弹，
他伸手去够并且成功地抓在手上

所以你想，上文中提到的便便炸弹太可怕了，没错——确实很可怕。并且这次便便是否成为一场灾难的一个决定性因素是：小孩是否抓了一手。如果小孩的便便是一种威胁全人类的致命热带疾病，他的手就是第一个受害的"病人"。

别让便便粘在他手上，你就还有机会把便便收起来，尽管恶心。便便一旦到了他手上，就有可能粘到他头发上，被塞进嘴里，粘你头发上，几乎没有预警地弄到你手上、衣服上、换尿不湿的台子上、你脖子上，可能小地毯上也会蹭到，以及神不知鬼不觉地进到客厅、车里，碰到快递小哥的身上。就在你想"哼！小东西看你还能跑多远"的时候，却发现它粘到了狗狗身上，上了南极科考船，去了波利尼西亚的小村庄。

尽你最大的努力将灾难消灭于无形吧，祝你成功。

23
孩子的第一次便秘

既然他们的便便如此恶心，短时间内不拉，你可能会松口气吧。错！他们把新生儿交给我的时候，孩子一度有一个星期没拉便便。是的，第一天我小小兴奋："哇，上周四他引爆便便炸弹，臭味熏人，现在总算可以透口气休息一下了，太好了！"但我很快就开始担心他出了什么问题，不久的将来他怎样才能拉出像垒球一样又大又稠的便便。

帮小孩拉便便可不是什么迷人的工作。你得有节奏地按压他的腿，或者把开塞露塞进他的屁股，或者用润滑油抹他的小屁眼儿。很自然地，你会把此刻做的事和你生命中最牛的时刻放在一起比较，就像一个前奥斯卡奖得主现在拍的电影糟糕得

没法进院线，直接灌成 DVD 了，你会想："以前我是财富 500
强公司最有前途的新人之一／重大政治竞选的管理团队领导者／
国家图书奖获得者，现在倒好，我在这儿奋力把软胶帽推进一
个哭哭啼啼的 8 个月小孩的肛门。"

24

第一次你蹭了满手鼻涕，
只能用你的衣服擦

小孩的鼻涕总是供应充足，就像美国的玉米、西雅图的雨
水，或者我犯错时我妈妈的忠告。大多数时候，当小孩流鼻涕
时，你手边会有纸巾或者一块口水布。有时没纸巾或口水布，
但你总有别的能伸手够到的东西——一块已经脏了准备要洗的
衣物或者一条小毛巾。有时候你能找到一些不那么理想，但能
凑合用的东西（银行 ATM 机收据，能吸水的一片面包）。但有
的时候，你手头就是啥都没有，你只能不情愿地用手擦他的鼻
子，随后又一脸嫌弃和尴尬地把手上的鼻涕抹在草地上或人行
道上。甚至有的时候，你不得已擦在自己破旧的跑鞋上或者裤
脚上。

第一次小孩放嘴里的东西如此恶心，
你认真考虑喂他一顿洗手液

有时小孩放嘴里的东西特别恶心，可能你只是读到就浑身不自在。如果我能做决定，并且有足够的出版经费，我就做本立体翻翻书，把接下来的内容放到纸板下面，这样你如果不想读，就可以不读。不过现在，你也可以选择继续读下去或是只了解个大概，总之就是小孩放嘴里的东西真的很恶心，然后直接跳到下一页。

我问过一些父母他们在小孩嘴里发现的最恶心的东西是什么，以下是他们的答案：

从购物中心地上捡起来的一根湿漉漉的意大利面；

洁厕刷（嗨，这是我的答案！我必须把洁厕刷用挂钩挂到快天花板那么高，因为每次我一洗澡，儿子就去抓这个洁厕刷）；

在公园里，我才转过身去几秒钟，回头再看，她就吃上了**在篱笆后面的泡沫包装盒里捡到的一块鸡肉；**

死掉的昆虫——明显发臭的，还有美洲棕榈虫（来自多个父母）；

狗粮和猫粮（来自多个父母，还有我）；

鹅/鸡/狗屎；

淋浴间下水孔里抠出来的缠成一坨的头发；

另外一个"在公园里，我才转过身去几秒钟"的故事，结局不同，小孩发现并且正想吃一只死鸟。*

---

* 好了，小孩想吃死鸟这事儿实在让人恶心，但我把它写进来的原因是，无论什么恶心的东西你小孩不小心放嘴里，大概都比不过死鸟这么糟糕。（多走运呢你！）万一你的小孩也找到了一只死鸟，要知道你并不孤独（有三个父母给了我这样的答案）。如果你小孩嚼上了比死鸟更恶心的东西，请立刻给我写邮件，我好想知道那是什么呀。

26

第一次宝宝拒绝换尿不湿

Q: 我想给宝宝换尿不湿。我换的时候，他会开心地躺在那里，就像广告图片上一样吗？

A: 哈哈哈哈哈哈哈哈。

给一个不想换尿不湿的小孩换尿布，就像要绑架一个正在跳街舞且拒绝停止的人。我儿子经历了一个阶段，我一给他换尿布，他就左滚右滚，粘得满身是屎，就像你给炸鸡撒上一层面包糠。不止一次，如果有另一个人在我屋子里，我就不由自主地喊："抓住他的腿！把他的腿放下来！"有些时候，我感觉自己不是在换尿布，而是在制服一个逃犯。

27

第一次孩子起了严重的尿布疹，
你决定摘下尿不湿一小会儿"透透气"，
还没五分钟，他就拉在了地板上

记得有人告诉我，治宝宝尿布疹最好的办法是摘下尿布，让宝宝自由活动几小时。只要你把客厅的每一寸地盘儿都用塑料布或塑料保鲜膜包起来，你完全可以尝试这个办法，真是棒极了！

28

澡盆里的第一便

有两种便便：一种是，哎哟，你突然发现有一块硬糖大小的便便礼貌地待在你儿子的玩具橡皮鸭下边；另一种是你能听见汩汩作响，就像在孩子澡盆里发现了一座海底火山喷口，突然间你看起来就像在一大桶煮熟的扁豆浓浆里给孩子洗澡。

为了你好，我希望你经历的是第一种。

第一次你把宝宝举过头顶，他吐了你一身

一位过来人的救命小贴士！在《狮子王》里有这样一个场景，荣耀国的巫师拉飞奇把辛巴举上头顶，辛巴的脸远离拉飞奇，嘴朝外，对着聚集在荣耀石下的其他动物们。如果你什么时候在家和你四周大的小宝贝重现此景，如果你的孩子没有立刻吐在你嘴里，同时还喊出"呐呐呐呐呐……巴巴"的声音*，那真是太令人感动了。请从我的错误中学习，如果你不是一只装沙拉酱的容器，就不要把宝宝举过头顶。

* 如果你迫切想知道台词是什么意思，这句祖鲁语翻译过来就是："爸爸，这里来了一只狮子。"

第一次你小便失禁

在怀孕期间发生这种事情是情有可原的，但希望你知道很多女性还会继续规律性地小便失禁，甚至直到孩子上大学。最让我沮丧的是，我没法再长时间咳嗽或者是跳绳了。以下这些事都有可能会让你小便失禁：

打喷嚏；

咳嗽得比较严重；

笑太多；

用力地跳舞；

不太用力地跳舞；

出去跑步（此处理解成快步走）；

吃一个三明治；

想着要出去跑步；

用谷歌搜索"孕后期总是尿在内裤上，怎么能让这个停下
来？？？"

和其他成人互动

INTERACTIONS WITH
OTHER ADULTS

31

第一次你和你的另一半为孩子的事打起来或者默默地彼此怨恨

养孩子是艰难的，特别是最初的几个月。你可能在大部分时间里感到愤怒或怨恨，因为你觉得自己付出太多了，而你的伴侣做得不够，或者你的生活已经天翻地覆，你完全没有任何自己的时间。这很正常。做父母的第一年可能很痛苦，你需要调整情绪。为了让你状态更好，我列出了一些有趣的游戏，你可以在产后跟伴侣一起玩。

游戏一：假装睡觉！ 此刻是凌晨 4:30，孩子哭得歇斯底里。尽管一个新生儿就在隔壁房间哭，你和你的伴侣都在假装睡觉！看谁能把这个哑谜玩得时间更长，谁最终忍不住打破哑谜起来去喂小孩。如果我们要测量愤怒的等级，刻度范围从 1 到"足以引爆建筑物"，就去量一下起床那个人投向还在假装睡觉那个人的眼神。

游戏二：分数！分数！分数！ 这个超有意思。每当你为孩子做一件紧张劳累的活儿，你就奖励自己一定的分数——换尿布；带他去公园，以便让自己的伴侣能洗个热水澡；带他去看医生。

清理他搞出的大乱子可能得 3 分，在 90 分钟的哭闹里不停地安慰他可能得10分。一天结束时，你上瘾地计算自己的得分，愤怒地在你伴侣面前挥舞，抱怨他没你得分多，坚持认为你们应该得一样多的分数，于是带着怨恨上床睡觉。（惊喜！——这个游戏经常可以无缝衔接到"假装睡觉"！）

游戏三：想象假期 展开大胆的想象之旅，设想如果你们没有小孩，你们会做的事：读一本书！睡觉！做一种充实的受人尊重的工作！你的想象力会带你去任何地方。这个游戏在宝宝哭闹的三分钟间隙里做最好不过了。

提示： 无论你想不想，你可能都在玩这些游戏中的某一个。我先生和我有非常牢固、美妙的关系，我们还是发现自己在玩这些游戏。我很抱歉，这很艰难。请练习去说："我不是生你的气，也不是生孩子的气，我只是在生这种状况的气，它抢走了我的空闲时间、经济来源、自主权和自我存在感。"祝你好运！

32

第一次陌生人不请自来，主动给你关于如何养小孩的建议

养小孩就像在一本探险书里做选择，你要不停地去做决定，随之而来的奖励就是每页上都有一些随机的人，就你的选择，

告诉你他们的观点。

　　在百货商场的服装店里，你带着一个还不会走又很想四处活动的小孩。你抱住他，但他扭来扭去想被放下来。你抱紧他，但他使劲儿挣脱，还开始哭。你看了看地面，还好铺着地毯，周围也没什么人。

　　如果你选择把孩子放下来，请翻到 403 页。

　　如果你选择继续抱着孩子，请翻到 821 页。

403页： 你放下孩子，他立刻就不哭了，满血复活开始四处挪动。他爬了一会儿，在你的小心监护下摸索周围的环境。保证他别挡了别人的道或者放嘴里脏东西。不一会儿，路边的一位女士甲就走过来告诉你：这儿太脏了，你不应该把小孩放在百货商场的地上。

821页： 你继续抱着他，他继续挣扎，哭声越来越大，你想抱着他的同时再找一条合适的裤子，因为你现在实在没有裤子穿。他大声哀号，你突然敏感地意识到自己在商场里带着一个歇斯底里哭闹的小孩。在403页向你走来的那同一位女士扫来冷眼说："有些人不知道怎么照看自己的小孩，实在是太可怜了。"

33

第一次你必须把单词按字母说出来，这样孩子才意识不到你在说啥

我跟一个男人在地铁上的真实对话：

地铁上的男人：好萌的宝宝啊！他很爱说话呀，看起来很懂事！

我：我知道这听起来很不可思议，但在他面前我现在确实连 C 字打头的词（C-word，脏话）都不能说！

地铁上的男人：（默默地把脸扭到一边，不再看我，他自己的脸唰地红了。）

我：（忽然间意识到）噢，天啊，饼干（Cookie）！我的意思是，饼干！

34
第一次你拼命努力，让约会的话题不是全部围绕孩子

在约会之初，你想做甜蜜的事——赞美自己的伴侣："你看起来气色真棒！"他或她也对你说同样的话。你俩假装这就是你们最初见面时的约会，你盛装打扮，爱上一个陌生人，兴奋地谈论所有没孩子的人们在约会时会讨论的话题。你们当中的一个会说："嗯，工作怎么样？"另一个回答："不错啊。"然后继续："嘿，你看那个小狗睡在猫身上的视频了吗／听说那个政治家陷入不可思议的性丑闻了吗／做过在线测试看哪所霍格沃茨魔法学校与你性格匹配了吗？"另一个会说："是的，不可思议！"然后会有尴尬的20秒无语，你俩都急切地找服务生上菜。

通常在第一个10分钟内，你俩中间的一个就会打破话题，说一些比如："我知道我们没在说孩子，但他今天实在是可爱，我必须给你看……"然后拿出一段手机拍的视频，另外一个就会兴奋地跑过来看。服务生会带着同情，又有点嫌弃地看着你

们，心想：我的天啊，这对夫妻是怎么回事？他们只有一个晚上可以离开小孩来到这里，两人还挤在一起兴高采烈地看三个月大的小孩打嗝，劲头就像在家庭影院里看热播电视剧。

35

第一次你愚蠢地以为在照看小孩的同时，可以和另一个成年人专注、有兴致地谈话

看护一个小孩，即便是好脾气的小孩，也是一份全职工作。有时候，你会忘了这一点，或者一个朋友想见你，她会说："把孩子带来就好了！"当然，你可以这么做。但如果你期待和朋友深入、有意义地对话，必须注意：如果你带了一个小孩，每隔 15 秒钟就会被打断一次，因为小孩走开了，或需要关注，或哭了，或再次走开，或又需要关注，或打碎了什么东西，或吃了一只死鸟。

人们确实很容易忘记，一个小孩到底需要多少持续的关注。记住一点很重要：小孩不是在你的存在里温柔地演奏背景音乐的爵士乐手。小孩是一个独角喜剧演员，问你挑衅的问题，就因为你坐在第一排还剪了个糟糕的发型。

36

**第一次你害羞地走近另一个家长，问他是不是愿意
交换电话号码或者有时间一起出去走走**

现在你有小孩了，你要跟其他有小孩的人交朋友（抱歉，
这是一条规矩）。这经常很尴尬，因为很可能自少年时代起，你
根本不必跟完全陌生的人"交朋友"。

以下是一些可行的交友方法：

1. 加入本地父母天团。找到一个跟自己育儿风格有点像、
   人看起来也比较有趣的父母。（比如，这人也喜欢你喜欢
   的电视剧，在你不停重复引述一些电影时，给出赞同和
   善意的反馈。）把以下便条递过去：

嗨！我是前 _____（前工作名称加前公司名称），现在
被一个 _____（小孩月龄）月大还不会说话的小孩困在
公寓里。我喜欢你，你也喜欢我吗？请选择：

□ 是的，我也喜欢你。让我们见面喝杯咖啡，抱怨小孩的
   睡眠训练以及我们本地问题重重的公立学校。

□ 不，你看起来很奇怪。

2. 贴出一份个人广告，上面写着："孤独的婴儿父母寻找同

抱歉闯入你的园子，我只是想跟你约个时间出去玩。

类。欢迎健谈的人。务必能够忍受我时不时地哭出来。"

3. 站在早教中心门口，就像那些为慈善机构募款的人一样，走向陌生人，这样开口："嗨，可以耽误你一分钟时间，请你解救出不了家门陷于致命孤独的成年人吗？"同时投去让人难以拒绝的眼神。

37

第一次一个想法相近的父母朋友搬家，你难过得就像8岁时最好的朋友要搬到其他地方

你终于认识了一个人，又酷又有趣，还有一个跟你小孩同龄的孩子。你已经找到这个人了吗？去寻找吧。有时候，这感觉就像你在露营时交到了最好的朋友。现在你和她总是见面，一起遛娃玩耍，在公园约会。你总是期待见到她，你俩都希望或确信你们的孩子会成为最好的朋友，或者有可能结婚。为人父母是艰难的，但因为有她在你左右，现在一切都突然变得可以忍受了。

惊喜来了！她必须得搬家，因为她自己或她配偶的工作要求他们搬到印度尼西亚的一个小村庄里或者肯塔基州没有网络的小镇上去。你能说的就是："噢，不！我难以相信你要搬走了！当（她小孩的名字）离开，（你小孩的名字）会非常伤心。"但这不是真的。你的孩子还太小，如果他不是立刻忘了另一个孩

子，过几个月也就忘了。但因为这位朋友离开，你会非常伤心。

38

第一次你重新拥有跟恋爱比较类似的感觉

如果你是通过在线约会网站认识配偶的，她在网页上这样列出让自己"性"趣盎然的点："当我筋疲力尽时"和"反复朗读儿童绘本《小狗快跑》"，那你真是太幸运了，有小孩之后你很快就能回到性生活的正常轨道上去，绝对没问题！如果你恰巧碰到一位女士告诉你，没有什么比满怀怨气地整理20分钟餐具更能让她来性致，立刻跟她结婚吧，你的性生活会永远美妙精彩！

有小孩之后，性生活就更难了，但是你可以练习与努力。你俩都会累成狗，有时候你刚有点心情，但就在那一刻，你俩不管是谁可能会踩在电子玩具上，立刻有电子音充满激情地用西班牙语从一数到十，三秒之内，那点心情就荡然无存了。

耐心点，充满人性地好好帮助彼此吧。你会重新拥有一段关系，即便这偶尔意味着过性生活时会三心二意地想着幼儿园早点入园（我们应该开始找学校了吗？）或者小孩的下一轮疫苗接种。你们能够为性生活所做的最好的事，就是真诚地关注彼此。

39

宝宝第一次和另一个宝宝会面，
你超兴奋可惜必须取消

终于！围着小孩的屎尿转了万古之久后，鸿蒙开辟！你要和别的父母、小孩见面了！你会高兴得找不到北，这就是为什么如果约见取消，你会伤心欲绝。（很可能就是会取消。）以下是见不成的各种原因：

另一个小孩通常更早的时候小睡，但今天很奇怪，就在你们约见面那会儿他睡着了。

你的小孩睡着了。

另一个小孩可能快要发烧。

另一个小孩发烧了。

另一个小孩发烧才刚好。

另一个家长发烧了，因为过去一周他／她都在照顾发烧的小孩。

另一个小孩在呕吐，家长担心情况变严重。

你发烧了。

天气不好，你没法赶到约见的地点。

另一个家长犯了个错误，原本约好的时间他们没空。（他们感到非常抱歉！）

你犯了个错误，原本约好的时间你没空。（你非常抱歉！）

另一个家长突然被叫回去加班，意料之外。

因为约定的时间或空间出了点小故障，计划泡汤。

一颗巨大的小行星干掉了地球上 70% 的生命。*

* 也许你可以重新约个时间?

40

第一次你把宝宝的照片贴到脸书上，得到有史以来最多的一次点赞

晒娃几乎和生娃一样有着强烈的生理性驱动，我无法表达这种强烈感。以往你浏览一些社交媒体，可能心想："天啊，谁谁谁贴了那么多她小孩的照片。"现在你发现自己凌晨三点还在 Instagram 上选滤镜，就像海洛因成瘾一样欲罢不能，一张接一张地上传照片，还一边喃喃自语："再来几张。"

晒一张萌娃照要比晒一张你自己在参议院宣誓的照片收获更多的点赞。*你都不记得在脸书上加过朋友的人也会从下水道里冒出来点赞或评论："天哪，宝贝太可爱了！"然后再回到发霉的地下世界去吃老鼠尸体。

* 一个萌娃在参议院宣誓的照片可能会引爆互联网。

要饼干，
不要西兰花。

吃、睡和其他灾难

EATING,
SLEEPING, AND OTHER
TOTAL DISASTERS

41

第一次某本书上提供的睡眠方法完全无效，它原本承诺解决小孩所有的睡眠问题

"哇噢，有这么多妈妈在哄娃入睡这件事上遭遇困境。太遗憾啦，她们谁都没读过我前几个月在网上找到的一篇讲如何正确哄娃入睡的文章。"——这是我生娃前不久发表的言论。

你经历过下面这种事吗？你一打嗝儿，突然20英尺半径范围内的每一个人都跑来跟你分享他们止住打嗝的技巧。一位喷了太多香草身体喷雾的女士告诉你，在褐色的纸袋里深呼吸几分钟；另一位女士继续说道："你试过倒立喝水吗？"一个你几乎不认识的傻瓜此时跳出来喊："啊啊啊啊！"无论你信不信，这些人真的都是想帮忙的。因为他们每个人建议的方法，确实对他们自己有效，他们抑制不住地兴奋，想要跟你分享他们成功止住嗝的技巧。

你会读很多有关让小孩睡上一整夜的东西——大部分都是深夜两点，你疲惫地在手机上通过谷歌搜索到的内容。你可能会尝试一种睡眠方法（你特别自信会有用的那个），但完全不起作用。没关系，试试另外一种。如果还是没用，再试另外一种。如果有人坚持说第一种方法对他们特别有效，不要为难自己。对于不同的小孩来说，方法就是不一样。

42

第一次小孩睡得比平时长了一点儿，你极度兴奋

你的小孩一气儿睡两个小时，所以你也得这么睡，两小时、两小时、两小时……此刻你生命中的期待就是小孩能一气儿睡上三或四个小时（你敢有这样的奢望吗？），这样你就不会疲倦到差点用你配偶的湿疹药膏刷牙。你睡着了，接受了必须两个小时醒一次的事实，但又为此感到无比沮丧。

然后，你突然醒了。你自然醒的——不是因为任何人哭——你感到片刻的宁静，随后立刻感到焦虑，就像你的闹钟失灵了，而你有一个重要的会议迟到了。你往婴儿床、婴儿卧室或摇篮的方向瞥了一眼，意识到小孩还在睡。你脑子里有一个声音在说："终于！他睡上五个小时的整觉了！让我再躺回床上去，享受育儿过程中的片刻好时光吧。"但另外一个声音——一般是好意但偶尔因恐惧引起的自毁——在说："有 98% 的可能是这孩子开始睡更长时间了，但还有 2% 的可能是出了问题。因为这 2% 的可能，让我来检查一下，反复查看以确认他还在呼吸，结果我把宝宝弄醒了。"他开始哇哇大哭，尽管你一贯对孩子的哭声感到糟心，此刻也是，不过知道宝宝没事，你长长地舒了一口气。你又一次和一个哭闹的婴儿在一起，醒着，但感觉这个世界终于正常了。

43

第一次你的小孩睡了整晚

对有些人来说，这发生在小孩两个月大时；对另一些人，这发生在小孩两岁时。无论何时发生，第一次你的小孩睡了整晚，你感觉都像那些中了大奖的人，站在自己家门廊前，握着一个出版结算公司的大额支票。这是真的吗？不可能吧？噢，我的天哪，这是真的？等等！我的神啊，我听别人说，孩子睡整觉会让你感觉难以置信，这真的发生了！天啊，天啊，我要告诉我见过的每一个人！一个手持麦克风的男人问你："所以你感觉如何？怎么使用这些新获得的能量和自由时间？有什么想法吗？"你笑得嘴都咧到耳朵根了，激动到失语，因为你压根不敢相信这是真的！你赢了！你赢了！你赢了！祝贺！

44

第一次因为你在公共场所哺乳，有人给你难堪

如果你用母乳喂孩子，很可能在某些时刻你需要在公共场所哺乳。如果你这样做，可能有人不加考虑就说，你这样露出乳房让他们觉得不舒服，他们不应该被迫看到乳房。

让他们知道他们是正确的，他们的确"不应该被迫"，这就是为什么人类的眼睛上还有一小层黏膜装置，可以让上眼线部位的皮肤向下覆盖住眼球，暂时遮住视线。如果他们还是心烦意乱，因为不大可能闭着眼睛走开，他们会很开心地了解到，为了避免看到令人紧张和讨厌的刺激，眼球本身是可以朝多个方向转动的，就像脖子一样。多么让人无语，不是吗？人类的身体是个奇迹。

我不是说你周围的每个人都会立刻对你哺乳这件事感到舒服。你无法控制别人怎样想和怎样做。我保证不会每个人都这样想："多么美好的建立亲子纽带的例子啊。"因为有些人会想：

"啊，跟闹钟一样大的乳头！"人们想其所想，但别人怎么想是他们自己的事，你不应该因此就在肯德基快餐店的卫生间里哺乳。

45

第一次因为你喂婴儿配方奶，有人找你麻烦

我儿子婴儿期的大部分时间，我都喂他配方奶，有两次我都遇到陌生人走过来告诉我，我在给孩子喂毒药。他们用的就是这个词儿——"毒药"，就像配方奶罐一侧写着——成分：有机脱脂奶、管道疏通剂、涂改液、氰化物、毒胡萝卜、未过滤的自来水——来自拍《永不妥协》这部电影的水污染城市——液态氮、蓄电池酸液、颠茄（内含致命毒素）。

这两个陌生人看我的眼神，就像看一个人渣。因为我是新手妈妈，容易自我怀疑，片刻之后，我真的就这样想："也许我是个人渣？也许他们是对的，我就像他们想的一样糟糕？"一旦这也在你身上发生，记住：你不是人渣，你好着呢。

我太太太爱我儿子了。我非常努力地去做一个好妈妈，同时也做一个好人，这也常常使我做出一些别人不赞同的决定。有时候，我无法改变别人对我的看法，所以我只能礼貌地说："谢谢你告诉我你的想法。"然后回家，通过画画来纾解我的沮丧。画两个人，我自己看起来美丽又善良，他们看起来就像儿

童文学作品《詹姆斯与大仙桃》里可怕的姨妈。

46

第一次你的宝宝拒绝吃某样东西

在你的孩子吃固体食物前，你会说："人们都在讨论什么？
如果他们的小孩不吃某样东西，也许是他们的烹饪技术不过关。"

一年之后，当你自己的小孩到了这个阶段，你就会想，也许你可以用把人们从着火、坍塌的建筑物里或坏掉的车里营救出来的救生颚打开小孩的嘴。一般来说，让骆驼穿过针孔也比让西兰花穿过两岁小孩的嘴更容易。*

* 而且，大部分两岁小孩在拒绝吃西兰花之前，都会非常高兴地让骆驼走进他们的嘴。这就是让人沮丧的点。他们会这样："当然，我会吃掉公交车地上捡起来的烟头，但别指望让我吃你花两个小时精心准备的一顿饭。"

47

第一次宝宝吃狗粮或猫粮

他就是不吃一小时前你想喂他的扁豆泥，你只好有规律地在地板上放一盘食物。你猜结果会怎样？

48

第一次你带小孩下馆子

如果去餐馆，你的小孩情绪崩溃哭了起来，所有的眼睛都会盯着你，因为你怎么能这么不体谅别人，竟然带着一个小孩下餐馆？如果你把小孩放在 iPad 前，所有的眼睛都会盯着你，因为你怎么能这么不上心，竟然把小孩丢在 iPad 前？如果你从始至终关注小孩，逗小孩开心，所有的眼睛都会盯着你，因为如果你特别费心尽力地带小孩玩，他怎么能学会自己玩儿？如果你不带他去餐馆，所有的眼睛都会盯着你，因为如果你不把他带到餐馆，不给他机会学习，他怎么能学会在公共场所行为得体？争取打赢这场仗，祝你开心！虽然你永远都赢不了。

据说，以下是一些带小孩去餐馆能用到的真正有用的建议：

带小孩去吃下午四点左右最早的一拨儿晚餐，由此开始，

看他能不能适应餐馆环境。如果他做得不错，那就太好了；如果他表现糟糕，至少你知道，你烦到的只是四点钟去吃晚饭的人——比如说你爸妈。

不要让你的小孩在餐馆里到处走。是的，他们想下地四处溜达，但是餐馆里有十几个端着热饭菜和沉甸甸的瓷盘走来走去的人，这地方最不适合小孩下地走。如果他们烦躁不安，就带他们出去。

如果他们崩溃大哭，就把他们带到外面去凉快。

多给点小费。只要我的服务员尽力完成工作，我最少给消费额的 20%。如果你觉得为人父母这活儿吃力不讨好，那就试试当服务员吧。

49

第一次彻底的情绪崩溃（你的）

如果你觉得"永远 21"快销店的衬衫散架太快，等着瞧吧，你会看到一个成年人散架有多快。

我明显不是指字面意义上的散架，因为你还好着呢，对吗？孩子会不时地试试这儿、捅捅那儿，是的，但你是个成年人，你能搞定紧张状况，不会哭或者攻击踮起脚尖才够得到门把手的这么小的一个小人儿。歇斯底里的哭闹几乎不会烦到你。你是成年人，知道即使当他不住手地打狗和大哭时也不要发脾气，你用最平静和缓的声音说："以前打肉球儿时我们是怎么说的来着？我们要对肉球儿温柔。"他声音超大，把你用来喝水的玻璃罐都震碎了。他一屁股坐在地毯上，就像一个橄榄球扣球进了得分区。但是你还好好还好还好，因为你记得自己读过，说应该让孩子的崩溃情绪自行结束，不要干涉它。如果你知道孩子为什么哭，事情当然就容易得多——有人能解释一下他为什么尖叫哭闹吗？这种尖叫哭闹能引起暴雨云集、海浪翻涌，忽然你看到11频道的电视新闻，一个穿防风夹克的气象预报员告诉人们，"出于对上帝的爱，请待在家里不要出门。"谁来救救我吧，他到底为什么哭？如果我能找到一块他的哭声震不碎的玻璃，就立刻把我的脑袋伸进去！

50
第一次带孩子乘飞机

一想到带婴儿乘飞机，每个人都会非常紧张，但实际上它不会比在装着嗜血锤头鲨的容器里游泳更让人紧张。哇噢，我都写了些什么？不不不，让我再试试。

好的，再来一次。我知道你对此很紧张，带孩子乘飞机这事儿实际上可以非常轻松，就像被一个拿着图钉枪的男士在废弃的咖啡厅里穷追不舍……哇噢，严肃点，这是我刚刚打出来的吗？抱歉抱歉抱歉！咳咳！好像我正在敲出带孩子乘飞机多么令人愉快和紧张放松，你可能头发着火都比这好受会很喜欢的，这台电脑老是扭曲我想打出来的字，让带孩子听起来很可怕。救救你自己，赶紧跑到山上去吧。*

* 所以现在你读到这儿，犹豫不决，不知道要不要带孩子乘飞机。我要承认我带孩子坐过飞机，好几次。有趣吗？不，一点都不。放松吗？不，一点都不。旅途充满了艰辛和美好相混合的时刻。从飞机突然垂直下降引起小孩歇斯底里地哭，我也吓哭了，到7个小时的飞行，大部分时间他都安静地贴在你胸前睡；遇到了各种各样的人，有愤怒的用否定的眼神看着我们的人，也有不可思议的善良的人，他们冲孩子做鬼脸，问可以抱抱他吗。还有在亚特兰大，一对可爱的夫妇在我们转机的短暂停留期间请我们吃午饭，当然这一切都有。带孩子飞行的大部分回忆都是美好的吗？是的。每次不得不带孩子飞行，我害怕吗？害怕！

小规模惊恐发作

MINOR
PANIC
ATTACKS

51

第一次你想给孩子剪指甲，把他剪出血了

你会在两种时刻留意到孩子的指甲：

1. 你凝视着他的手，为他的手如此小巧而感到无限幸福和陶醉。（有卵巢＋正常东西的极小版本＝异常欣悦。谁来解释一下为啥女性对小东西都非常着迷？真让人费解。）

2. 当他小睡醒来时脸上带着抓痕，你意识到他的指甲有狼獾那么长，需要修剪了。

新生儿的指甲极小、极难看到。很多牌子的儿童指甲钳都附带一个放大镜。还有，记住指甲下的皮肤是人体对疼痛最敏感的部位之一。过去人们把尖锐的金属片放到罪犯的指甲下，再把金属片放在火上烧，以此来折磨囚犯。欢迎在跟人们聚会时分享这一事实。*

所以在未来某一时刻，很可能会发生这样的事情：你会小心翼翼地握住指甲钳，给他剪指甲。你会不小心伤到他的皮肤，出了一点血，他会哭。如果你还没有这个经历，好奇你会感觉如何——感觉多多少少就像一把裁纸刀刺入了你的心脏。还记得《达·芬奇密码》**中的那个场景吗？一个老家伙用一种酷

刑装置鞭打自己，因为他觉得自己如此糟糕，因此需要自我惩罚、经历疼痛。好了，准备好吧，因为你终于能够理解他了。当我看到儿子指尖上有一小滴红色血液，我期待社会服务机构就像库尔急救人一样破墙而入。***

不要吊打你自己，有很多人跟你一样。还有，投资一个好的指甲锉。

52

第一次你把孩子留给保姆

嗨！非常感谢照看小（此处插入孩子姓名），我们出门去吃个匆忙却浪漫的晚餐／看一场久别数月的电影／尝试享受一些更高级的"文化"，我们会每隔14秒就检查一下手机，看有没有发来的短信。（此处插入孩子姓名）几乎总是很开心，带起来很轻松，应该不会给你带来麻烦，但为了以防万一，还是给你留下详细的笔记确保一切顺利。

（此处插入孩子姓名）通常入睡没啥问题，只要他的入睡时间能够严格执行，不做改动。

6:00-7:34 晚餐时间。确保他吃上水果和蔬菜，这对我们非常重要！冰箱里有个容器装着我们自己做的有机西葫芦藜麦和奶酪芝士饼。把其中的两块切成豌豆大小或更小的块，与黄米饭拌在一起喂，他弄洒一些在地上也没关系。再给他麦圈或马苏里拉干酪棒。如果他吵着要饼干，不要给他，除非他吃了四分之一个干酪棒的八分之一。我们对此是很严格的！

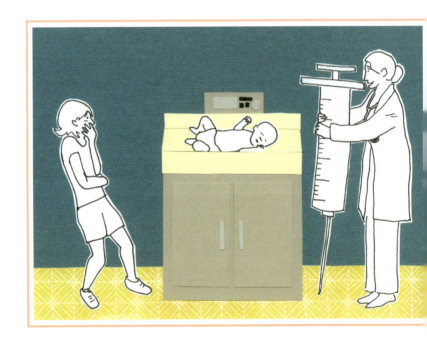

7:34-7:48 洗漱时间。洗漱玩具在洗脸池下边的网眼袋子里。他超级爱洗澡，但是需要提醒你，他不喜欢水碰到皮肤，所以请留心！

7:48-8:00 他要坐在摇椅上听老鹰乐队的歌（注：不是那首《加州旅馆》）。如果大部分歌你能跟着唱，他会感觉最安逸！如果你不知道歌词，书架底层左手边的三孔活页夹里放着打印好的。

8:00-8:37 给他反复读《饥饿的蝴蝶》，但要跳过蝴蝶不吃水果和蔬菜，而吃其他东西那几页。（不要给他开这个坏头，以免有样学样！）

8:37-8:39 给他换尿布，或帮他刷牙，或无意忘掉这一步。

8:40-？？ 关上灯，把他放到摇椅里摇。如果任何时候他看起来忧虑、迷糊或不在状态，一定给我发短信，这样我就能没完没了地担心了！谢谢！

53
第一次带娃看医生，他必须打针

"那个让你的心充满欢乐的天真的小人儿，你能在一个荧光灯闪烁的无窗办公室里，把他的身体按在注射台上，听着他揪心的哭声在走廊里回荡，让我们把一个长长的展开的回形针注入他腿部柔嫩的肌肤？"

54

宝宝第一次用眼药水或滴耳液

医生给你的宝宝开了眼药水或滴耳液。听起来还蛮无害的，不是吗？如果你想知道接下来会怎样——

找一部有人受火刑时歇斯底里尖叫的电影；

用视频编辑软件把电影里关于火或烟的镜头都切掉，只剩下尖叫；

用计算机合成图像再加一个人进来，平静地拿着一瓶眼药水或滴耳液。

55

第一次小孩狂哭尖叫到像被扔进了硫酸里，但没有哪儿看起来不对劲儿

你的小孩在他房间里哭，基于哭声的音调、音量和持续时间，你最乐观的猜测是他要么目击了一次谋杀，成为一部恐怖片的主角儿，要么就是在受火刑。所以当你进屋查看，发现一切都好好的，想象你有多么困惑。没有淘气鬼带着曲棍球面具被一群惊慌的少年包围，没有伴随着《法律与秩序》主题歌，表现犯罪场景的录像带徐徐展开，没有地狱之火吞没他的绘本《阿罗有支彩色笔》，所以他为什么要哭呢？

你把他抱起来。他看起来没发烧，没有扯到耳朵，也没有呕吐。他就是单纯地在哭，仿佛他洞悉了存在的无意义，无法用更安静的方式去表达不悦。他哭仿佛他的声音能够填充他整个存在的空无，仿佛他触到和肩负起了全人类的痛苦。这时，突然间他的身体颤了一下，你听到很大很闷的一声，就像在极其可怕的湿透的熟三明治里演奏卡祖笛。他不哭了，突然间一切完全正常了。就是因为肠胃胀气，惊喜不惊喜？

56
第一次你完全被孤独感淹没

育儿的过程是孤独的，生孩子之前我并不知道这一点。有很多单独和孩子在家的日子，感觉就像——你知道跟别人玩藏猫猫游戏，忽然意识到没有人在找你时的感受吗？就像这个游戏，但是比这个更孤独。

期待一个孩子来到人世间是令人兴奋的。人们向你祝贺，送你礼物，特地为你举行迎接新生儿的派对，主题充满奇思妙想，亲戚和朋友们拥抱你，跟你合影，给你建议和爱。然后，仿佛这是一个奢侈的告别聚会，船驶离了码头，你独自一人站在甲板上，怀抱着这个小小的充满迷惑的孩子。过了一会儿，你仍然能看见每一个人站在沙滩上向你祝福和欢呼，礼炮朝天空喷出彩色的纸屑和彩带。但又过了一会儿，你就谁都看不见了，只

有你，还有孩子，日复一日地相伴。有些日子一切顺利，但有些日子就没那么好过。你透过舷窗向外看，一切如故，非常无聊。

然而在视线之外，地平线的那一边就是另一艘船，载着另一个抱着新生儿的家长。他和你一样感到孤独。那个家长的视线之外又是另外一个家长。你们不会总是彼此看见，但你们在同样的时间里拥有同样的经历。找到其他的新手爸妈，和他们建立联系吧。*

---

* 一个有趣的建立联系的地方是深夜三点钟的脸书，此时在线的要么是不知疲倦地摇孩子入睡的其他父母，要么就是醉汉。给任何一种人发消息，都会开启一段有意思的对话。

57

第一次见到跟你家孩子同龄的小孩，人家孩子发育得更好

人们经常费尽心思地告诉你，他们的小孩是多么聪明，很早就会认字，发育得也好。这让人很抓狂。下次再有人跟我说他的小孩多聪明，我就说："噢，谢天谢地你 4 个月大的小孩在这儿，我还担心一整天都遇不上一个能解决能源危机的人呢！"

我儿子 18 个月的时候才迈出第一步，很多其他 18 个月大的小孩已经能设计出复杂的踢踏舞步了，这没什么。在别的孩

子能认出自己的手之前，有些孩子已经能认出在大卫·福斯特·华莱士《无尽的玩笑》中所讲的人生固有的荒谬性了。如果你的孩子跟你期待的不完全一样，不要发疯似的担心。

58

第一次在游乐场或超市你找不到孩子了（短暂的）

当你在电脑上弄丢非常重要的文件时，你知道那种恐慌吗？你难以置信，觉得这不可能发生，你不可能弄丢近两年日夜伏案工作写的文档，一定在哪里有备份。你一定记得保存了所有的改动或者给自己发过电子邮件备份了，因为你不可能弄丢那个文档。好了，把这种恐慌乘以百万、十亿、万亿。得到的新数字乘以太阳里氢原子的数目，再把这一数字乘以5，把最终的数字写在一张纸上，点着这张纸，然后把着火的纸丢进你的眼睛里。

你儿子正沿着游乐场溜达，趔趔趄趄地在别的小孩和满地的碎粉笔头儿中间走动。另一个小孩的妈问你孩子几岁啦，你回答："14个月左右"，她微笑着说，她的小孩也差不多大。她问你以前每周三去咖啡屋的家长见面会吗，你说是的。如果你想问：是不是游乐场里所有对话都这么无聊？是的，大部分时间都很无聊，这不是任何人的错。你瞥了一眼你儿子，但他突然不在刚刚待着的地方了。你对另一个妈妈笑笑说："稍等会儿"，她点点头。你开始绕着游乐场小跑，猜测儿子很可能在长凳那边，恰好在你的视线之外。但他没在那儿，你的心紧了一下。你推测他一定是走到滑梯那边去了，你跑过去查看，也不在那儿。这时你开始感觉恐慌，不停地告诉自己："不要害怕，这是一个有栅栏的游乐场，他肯定在这儿的某个地方。"你绕着游乐场跑了一圈，把每个小孩都看了一遍，就是没看到自己的孩子。你忽然之间开始前后摇晃，感到窒息——就像《低俗小说》里的乌玛·瑟曼，他们在她心脏上注射了一剂肾上腺素——因为我的上帝啊，孩子在哪儿？你不可能弄丢他，你本应该一直看着他，你怎么能花 4 秒钟跟别的家长说话，怎么能把眼睛从他身上移开？

你感觉就像有一只无情的手残忍地挤着你心脏里的血，这时你听到另一个妈妈的声音："嘿，他在这儿，他坐在我们的婴儿车里看松鼠呢。"你走到另一个女人旁边，看到儿子高兴地待在这位女士带伞的婴儿车里，正在观察松鼠在篱笆上跑来跑去。因为在公共场合哭出来很奇怪，你咧了咧嘴说："哇噢，刚刚我好紧张！！"另一个妈妈说："那当然！为了孩子嘛，对吧？"你们两个相视而笑，又哈哈笑出声来。40 分钟后你回到家，整个人垮下来哭作一团，哭出所有强烈的、无法抑制的痛苦。

59

第一次把孩子放到托儿所，你开始怀疑人生

把孩子放到托儿所，这样你才可以重返职场。尽管艰难，一部分的你感到美妙和满足，因为穿了几个月沾着呕吐污渍的水手领 T 恤，现在终于有理由换上需要熨烫的衣服，能够和这类人打交道了——你递上名片，他不会立刻塞进自己的嘴里。

你把女儿抱在怀里，亲吻她说再见，这时她哭出来。如果让一位联合国的翻译来解释，那就是："请不要离开我。你这会儿离开我，将会破坏我跟其他人建立有意义关系的可能。"

离开一个正在哭的孩子会让人心疼，很难解释到底会有多疼。记得《奥德赛》里塞壬的故事吧，在这个故事里，如果你听到她们的歌声，你就会发现自己强烈地、非理性地被她们牵引，就是这种感觉。听到女儿的哭声，你的心就渴望去她那里，尽管从很多层面来说，你拼命想逃走。也许，就像《奥德赛》这个故事一样，你应该让人塞住耳朵，这样你可以继续工作；或者你向哭声屈服，待在家里陪伴小孩，任何一个选择都很好。为自己做出正确的选择，无论选了什么，都不要感到愧疚。*

*开玩笑的！这是一个诡计，你总是会对所有事都感到愧疚和不确定。抱歉！

60

第一次你在生病或受伤时照顾婴儿

你生病还要照顾婴儿，感觉自己就像《小妇人》里染病的贝丝*，还要干着妈蜜的活儿。一天早上醒来，我感觉自己同时得了黑死病和登革热，可能还有点宿醉，感觉脑仁在头颅里前后摇晃，就像一种儿童钢笔里的一叶小独木舟在盛满墨水的笔管里晃来荡去。当我听到另一个房间里传来嘤嘤声，我眨了眨肿胀的双眼，掀开头上的被子。

是的，我养的小孩在找我。

惊喜不惊喜？！你的小孩不会知道你生病了，完全意识不到今天跟其他日子有什么不同。当我遇到这种情况，就用尽身上每一分力气抱起儿子，抱他几分钟，然后让他一口气看19盘DVD，此时的我倒在扶手椅上——吐。

---

* 写给没读过《小妇人》的你：妈蜜（马奇家姑娘们的母亲）是一个超级强壮的女性，一口气包揽了煮饭、清洁、操持家务、做慈善工作、帮忙打仗、养育四个女儿和在情感上支持她们等一切事务；贝丝是其中一个女儿，在整部小说里她都躺在床上，奄奄一息。

玩具、游戏
以及其他枉然的
娱乐尝试

TOYS, GAMES,
AND OTHER VAGUE
ATTEMPTS AT
RECREATION

61

第一次你意识到带娃度假
就是换一个地方照顾他没完没了的各种需要

你出过差吗？你的公司派你飞去巴黎参加一个会议，回来后每个人都这样跟你聊天："啊，天哪，你去了巴黎！巴黎怎么样？"你说："那是出差，所有时间我都在工作。"有些人接受了，还有几个会继续说："是的，但你飞去了巴黎！你有空闲的一天吗？工作之外，你有机会干点别的吗？"你礼貌地回答："并没有。"

带娃度假有点像出差。能去很多地方，有奇遇，不畏惧带上孩子，这一切都很棒。但是孩子大多需要全天候的照顾，当人们问你"你的假期过得怎么样？"你不会觉得自己度了假，因为你没有。如果有别人照顾小孩，假期才能称之为假期；如果所有时间都是你在照顾小孩，它就是一趟行程。

62

第一次你出门旅行没带小孩，
意识到这太让人惊叹了

我曾经带着 20 个月大的孩子去北加利福尼亚旅行三周，也曾经没带孩子去洛杉矶旅行四天，你会说："我知道，我知道，

我明白你想说什么，四天的旅行比三周的旅行放松得多。"我冲你摇摇头，"搭乘 45 分钟的地铁去肯尼迪国际机场都比三周的旅行放松得多。"

63

第一次单独带娃开车，
他哭闹得你头盖骨都要掀开了

想体验做父母吗？制作一段小孩歇斯底里哭闹*的录音，然后设置循环播放，没完没了地重复听。把录音机放在车后座上，这样你开车的时候就够不着，没法关了，点击播放键。现在你可以开车出去兜上一个半小时了。下车时，记住做个心理测试，看看你是否需要被社会福利机构收容。

* 如果你没法制作小孩歇斯底里哭闹的录音，制作持续吹牛角号的录音也可以。

64

第一次小孩无意中重置了电视遥控系统，
你再也打不开电视机了

小孩知道如何操纵电视遥控器，就像盲人知道如何穿过长长的、堆满障碍物的走廊。整个现象里最神奇的部分在于我还不知道怎样正确使用家里三个复杂的遥控器，我那还处于婴儿阶段的儿子就能把电视从视频音频（A/V）输入切换到高清多媒体 1 接口（HDMI1），同时还能拉泡屎，再吃根冰棍儿。

65

第一个生日或假期，你的孩子打开一大堆礼物

你的孩子坐在地板上，被很多包装好的大大小小的礼品盒环绕，你和很多亲戚围着他站着，说："打开你的礼物吧，宝贝儿。拆开礼物！我们爱你胜过世上的一切。"——我们生活在一个充满好意但常常是消费至上的文化里——"有人在拍摄吗？快帮他解开丝带！"

婴儿们并不在乎礼物，所以不要浪费钱了。如果你一定要给小宝宝准备礼物，以下是一些他绝对爱又不贵的东西：

一盒纸巾，打开口儿，允许他把纸巾一张接一张地全扯出来；

一卷卫生纸，允许他抖落开；

某人的旧车钥匙；

任意一张小孩的照片；

烘干机里的棉絮；

你放在走廊角落里吸猫毛儿和灰尘的小球；

电视机或 DVD 遥控器；

你的眼镜；

你手上拿着的任何东西。

66

第一次你希望人们不要再给小孩买礼物了

人们热爱给小孩买礼物，超爱。如果你要生小孩了，人们会想着给你买礼物，你会说："谢谢，买礼物的人们！我们需要给孩子准备一些东西。"就像《魔法师的学徒》中的米老鼠说："谢谢，挑着水桶的神奇扫帚！我要这个小水池装满水！"然后你就坐回去，欣欣然等着人们给你家小孩买东西，你的身体陷在椅子里，带着心满意足的微笑睡去，蓝色的尖顶魔法帽耷拉下来……过了几个小时，你猛然睁开眼，等等——那个挑着水桶的神奇扫帚是不是还在给你的小孩买东西？告诉它快停下！"停，扫帚！玩具够多了！我们不需要更多衣服了！停！"但扫帚还会继续咔嗒咔嗒响，丢出玩具、绣着你宝宝名字的豆袋椅、儿童商店里的各式衣服——通常都没有发票。最终你会发现，以前看起来挺整洁体面的家，现在已经不像一个成年人的居所，倒更像一个爆仓的玩具连锁店。你为有这么多人爱你和关心你而感动，不过你没法儿感谢他们，因为你被儿童连体衣、毛绒动物玩具和小火车悲惨地淹没了。

67

第一次发现你喜欢也希望女儿喜欢的昂贵玩具被无视了，因为她爱上了某个3美元的垃圾

最终，你（或别人）会为孩子剁手买下一个很贵很漂亮的玩具，也许是本地艺术家缝制的巴妮兔，或者一个贵重的、质量也很好的泰迪熊，或者塔斯马尼亚岛上哪位女士制作的树变娃娃（Tree Change Dolls）——她给芭比娃娃卸下浓妆，重新绘制了芭比的脸，让她们看起来纯真天然如花朵。"多好的东西

啊",你想着,"这个玩具会成为我宝宝最喜欢的安慰物,她会珍惜它的!"

不,你会珍惜它的。你会把它放在重要的地方,不断提醒小孩它在那儿。同时,你的小孩会迅速爱上你妈妈从卖主家车库里淘来的二手玩具猫,虽然是合成纤维填充的,小孩还是爱得要命。你小孩会对宜家买来的毛绒狐狸保持永远的忠诚。你温柔天真的宝贝把一片真心给了柬埔寨制造的涤纶玩具,这玩具出自一个只比她大 3 岁的童工之手,这让你感到沮丧和气馁,这是因为你忘了关于玩具最重要——也许是唯一重要的事,就是你的小孩有多爱它。我儿子有两个漂亮的、质量很好的动物毛绒玩具,但他心心念念的是一块特别能吸水的口水巾。尽管你想干涉,但还是让他们爱其所爱吧,这个建议可能同样适用于他们长大之后。

68

第一次你意识到你记住了孩子的一本书

如果你跟一个大人聊天,想知道对方有没有小孩,就在不经意间说:"在绿绿的房间里,有一个……"看他们会不会不由自主地接话,"电话,还有红气球,还有一幅图……"他们能接住你的句子,常常会令自己都大吃一惊,因为没有意识到这些句子比他们自己的童年记忆还要深入他们的潜意识。尽管结婚 7

年后，我还记不住我先生的电话号码，但我能记住整本《晚安，月亮》。

69

第一次你开始讨厌小孩的一本书

我超爱书，这里没有足够的篇幅来解释我到底有多爱，我超开心小孩喜欢听我读书，因为我爱给他读。除了有一本，我实在受不了。那本书，我藏在沙发底下，这样他就会忘了那本书的存在。我每次读都跳过几页，希望他没注意到，这样就可以让那本书更短。这种情况对于如今的儿童来说并没什么特别。当我是小孩子的时候，我总是定期要求读 72 页的皇皇巨著《戴帽子的猫又来了》，我妈的反应让我觉得这本书的开头就是无可奈何的大声叹气。

70

第一次玩"躲猫猫"，怎么也玩不够

随堂小测验！以下哪个选项时间最长？

A. 小孩爱玩"躲猫猫"的时间

B.《美国派》这首歌

C. 所有彼得·杰克逊的电影反复放

D. 中生代

（答案：在 A 和 D 中间选。）

从传统育儿书里偷艺

STOLEN FROM THE
TRADITIONAL
BABY BOOK

71

第一个微笑（不是因为胀气）

带小孩的最初几周几乎完全费力不讨好，还总觉得另一半没有尽力做好分内工作。你坐下来对孩子说："看，我们这样已经两个月了，我啥都没干，除了告诉你我有多喜欢你；我放弃了自由时间、休息和可支配收入，你除了歇斯底里地哭，就是盯着台灯看。"作为回应，小孩慢慢地将视线移向了最近的灯泡，盯着看了 4～9 分钟。

一开始，我并不是新生儿的超级粉丝，因为我没有得到伴随新生儿而来的任何温暖的感觉。我觉得别的新手妈妈会收到金毛小猎犬这类礼物吧，我只收到了蒂尔达·斯文顿的微型模型。我摇儿子入睡，喂他，给他换衣服，摇他入睡，在他睡着时拼命想入睡，偶尔被情绪压垮哭出来，想想没有新生儿的那些人都在干嘛，再次摇他，喂他，周而复始，如此继续下去。我爱他，他是一个特别乖的婴儿，但总体上来说，整件事就像有人推荐了一本书，说："噢，我的上帝啊，你一定要读它"，于是你拿起书，读了 50 或 60 页之后开始疑惑，"嘿——这本书什么时候才开始变好看呢？"

对我来说，他微笑的时候就好看了。有一天，当我被缓慢地拉入一个情感黑洞，感觉我人生的乐趣都被吸进了宇宙的虚空，我的孩子抬起头看着我的脸，他的嘴角向上弯。一开始我不敢相信，还以为是胀气，但过了一会儿，他又一次弯起嘴角，又一次，这次持续了更长时间。他看着我的脸，微笑。

我很难完全解释清楚这种感受。这种感受，如果有可能，应该由一支交响乐队演奏约翰·威廉姆斯充满灵性的音乐来伴奏。*

* 对我来说，我想象《侏罗纪公园》里的音乐，当人们第一次降落在小岛上，音乐气势磅礴地响起。当然你可以选择任意适合你心境的音乐。

72

第一次理发

有些婴儿从娘胎里带出来的头发就特别长，就像白蛇乐队音乐视频里的人物（白蛇乐队的乐手个个都是长头发），有些小孩的头发长得奇慢无比。我儿子晃着婴儿版本的男性秃顶到18个月才开始长头发。当小孩头发长得足够多了，需要剪，你可以带他找专业理发师（最好是有给婴儿理发经验的）。或者如果你觉得请专业理发师浪费钱，可以向我学习，玩这个游戏——拿剪刀没准的妈妈遇见乱动的宝贝，这是特别有趣的娱乐项目（正如你猜到的），结局经常是这样，你小孩的头发看起来就像被一只醉猴剪过。

73

第一次翻身

　　我知道这应该是一件大事，但这是连狗狗都毫不费力就能做到的事，我还能感到多兴奋？能让我感到更兴奋的应该是"宝宝第一次取回拖鞋"或"宝宝第一次让鼻子上的饼干保持平衡，同时后腿直立"。

74

长出第一颗牙

欢迎来到出牙期。出牙期是指数月或数年间，你小孩的牙齿像斗志昂扬的螺丝刀一样冲破他的牙床。出下牙时，小孩经常会痛得大哭，除了用药棉蘸威士忌酒擦小孩的牙床*或者试试从老人们嘴里听来的偏方，你对此也没什么办法；但出上牙——祝贺，现在你可以把每一样无法解释的痛苦和糟糕的行为都正式归咎于出牙。有一个流行的理论说，丽兹·波顿（杀死了自己的亲生父亲和继母）、成吉思汗和尼禄皇帝被诽谤成没有人性的恶魔，但他们其实原本是正在出臼齿的善良的人类。

* 如果你发现用药棉蘸威士忌擦小孩的牙床没有用，我发现用药棉蘸龙舌兰酒擦我自己的牙床还蛮管用的。

75

第一次坐起来

对你来说，小孩坐起来是非常非常令人兴奋的，因为你等他坐起来等好几个月了。我非常抱歉地说，对其他人来说这没什么好兴奋的。这就跟告诉别人你梦到了什么一样，你很激动和欣喜若狂，因为你刚刚经历了一个疯狂的神奇冒险，你的朋友却半闭着眼睛，打着哈欠说："太奇妙了，告诉我你是怎么被一枚巨大的硬币追赶，跑过一条融化的眼镜河的。"

76
第一次笑出声

如果有人研制出一种方法，可以把看到小孩笑的感觉提取出来，然后像在街头卖毒品一样非法售卖这种感觉，整个街区都会有人排队去买。听孩子的笑声有一种让人愉悦、飘起来的高峰体验，你突然想不起来自己刚刚是多么恼火，那天早些时候，孩子烦人地耍了 45 分钟脾气。为什么活在过去呢，是吧？孩子是奇妙又美好的祝福。你记得一些琐碎的事情——和伴侣为了用钱吵架，或者最近清理了比二叠纪大灭绝更具灾难性的便便。这些事确实发生过吗？也许。但其实没关系，不是吗？看到儿子笑，我心里实在太高兴了，所有烦心事儿一概想不起来了！如果我儿子笑的时候，你恰好经过，随口问我："嘿，我应该要小孩吗？"我会感情强烈而真挚地回答："是的！"是的，应该要！每个人都应该要小孩！没一会儿，笑声沉寂下来，小孩因为吐司上粘了一根睫毛开始哭，我会上气不接下气地跑到你门前说："等等，停，我改答案了。"

77

第一次爬行

小孩会挪动这件事儿很让人兴奋，不过不是所有小孩都会爬。很多小孩保持坐姿，用臂力撑起自己，这让他们看起来就像坚持不懈的小猩猩；有的孩子用上身拉动自己，腿在后面拖着，就像是受伤的战士。小孩会对四处活动越来越适应，进展快得不可思议，一开始他们慢得就像我可笑的网速，一周之内就快得超过了音速。

78

说出第一个词

你盼星星盼月亮，等待他们开口说话，等得越久，听到他们说话时的感觉就越甜蜜。你如此迫切地期待他们说话，突然间，出其不意，你的小孩就会说了。一个词，让人超级激动，比如"妈妈"或"爸爸"，你的心都飞起来了，然后他会说出第二个和第三个词，比如"饼干"和"鸟"，进展太快了，是不是？这些词会通向短语，比如"猫在上面"和"狗在外面"；这些短语会通向复杂的思想，比如"我坐在屋子里"和"我不想吃这些鹰嘴豆"；这些简单的想法会通向更加复杂的思想，比如"我一点都不想吃鹰嘴豆，只要冰激凌"和"夏洛特的妈妈允许她文身，为什么我不能？"每个人的安全带都系好了吗？你来到了语言发展这辆过山车的制高点！他奇妙清晰的思想会不停地变成戏剧性的、让人翻白眼的独白，说你"不懂"，你"永远也不会懂的"；这些会通向慷慨激昂的半小时演讲，历数你们这一代人的毛病以及他为什么需要借一辆车。享受你此刻的小确幸吧！欢迎来到语言的欢乐王国！

79
迈出第一步

千里之行，始于足下；四个街区之行，也始于足下。但考虑到一路上有多少你小孩想停下来看和摸的东西，四个街区之行（有趣的事实）实际上比千里之行花的时间还要多。回来孩子多半会生病，祝你好运，能预约到下午三点半的儿科医生门诊。

80
第一个玩伴

你家孩子的第一个小伙伴！"小伙伴"我指的是"某个小孩，你会去他家串门，可以减轻你单独跟婴儿待在一起的无聊"。通常你孩子跟这个孩子的共同点，不会比他跟保温杯或一袋大米的共同点更多。但你很开心啊，因为你很喜欢跟其他家长（就是在第 37 个育儿节点里提到的最后搬走的那个朋友）聊天。你会说："他们在一起玩真让人高兴啊"，意思是："他们挨着坐在一起，完全沉浸在各自的思想泡泡里，偶尔抬起头，冲彼此微笑，这真让人高兴啊。"这就是小小孩的"玩伴"，在某些方面，跟成年人与同事的关系比较类似。

"这一切
　　溜得太快了！"

" IT ALL GOES BY
SO FAST ! "

81

第一次有人对你说：
"享受此刻吧，因为时光匆匆，转瞬即逝。"

还记得当我刚有新生儿的时候，人们告诉我："享受此刻吧，因为时光匆匆，转瞬即逝"，我特别想问："享受什么？身心交瘁、完全不胜任的感觉，还是这个——多亏了生孩子，至少8个月我骑不了自行车？我想先确认我在享受值得享受的东西。"

你现在可能难以相信，时间会过得飞快；别的家长可能不记得了，时间曾经过得那么漫长熬人。你要问了："时间怎么可能同时以两种不同的速度在流逝？"我也不知道！在我一生中唯一上过的一次物理课上，我更关心这类问题："什么时候我能把牙套摘下来？"和"如果我用颜料装饰这件牛仔夹克，会让我更吸引眼球吗？"*

唯一我能告诉你的确定事实是，尽管带一个新生儿很棘手，人们也会告诉你："享受此刻吧，因为时光匆匆，转瞬即逝。"每次听到这种话，你都要决定到底如何做，是附和他们说："说得对，知道了，我正在尽力享受每一分钟"，还是立即崩溃大哭起来，拿起一根铅管打他们。**

---

* 不会。
** 我目前仍努力在这两个极端之间找平衡。

82

第一次你贿赂小孩

儿童不能在联邦或州政府任职的原因，有一部分是因为他们极容易接受贿赂。

"那是什么，议员大人？你不想减税或向本地学校系统投钱？也许这块 M&M 糖可以改变你的想法？"

贿赂小孩有可能引起滑坡效应。一方面我不想教会我儿子尿在夜壶里的唯一原因就是：我会给他一张贴纸；另一方面，我希望他在 35 岁前能完成如厕训练。无论怎样做，你都要保持警觉。

83

第一次你的小孩说"不"

就像不可思议地能预测出答案的魔力 8 号球游戏（一款手机游戏），你的小孩将学会说"不"，无论你说什么，他都会不停地说"不"。你问他："你想要香蕉吗？"他会说："不。"再问他，"你不想要香蕉吗？"他又说:"不。"因为他根本就不在乎你问了什么，只是陶醉在能够拒绝你的无限欢乐里。所以我能给出的最好建议就是持续问一些答案应该是"不"的问题。万一你想不出来，欢迎参考我使用的一些问题：

美国人会像其他国家的人一样，充满热情地拥抱足球这项运动吗？

如果你把口香糖吞下肚，它真会在你胃里待 7 年吗？

对人怀恨在心或冷酷无情是和这个世界良好的互动方式吗？

钱能解决一切问题吗？

一顿吃一个 13 寸的慕斯蛋糕算"打破我的节食计划"吗？

吃一个 24 寸的慕斯蛋糕呢？

84

第一次小孩看你讨厌的电视节目

不是说我讨厌所有的儿童电视节目*——我是说如果我能把《米奇妙妙屋》里卡由和土豆的照片放在掷镖圆靶的中央，我的手眼协调性会比训练有素的刺客还要好，一投就中。

---

* 我不是明说，但我明显是在暗示。

85

第一次你的小孩拒绝分享

没有人想要一个不愿分享的小孩，但我向你保证，在某一时刻你会听到哭声，发现你的小孩紧紧抓住一元店的沙滩球，好像它是两百万美金的财产。为什么？很难理解小孩为什么不愿分享，但也不太难理解。"让另一个男孩用一下你的铁锹！"我经常一边告诉儿子要和别人分享，一边又要求他无论在任何情况下，他都不能碰我的笔记本电脑。"分一些你的饼干给那个女孩"，我鼓励他，同时躲在淋浴帘子后面偷吃冰激凌，这样他就不会看到我吃而跟我要。你会不停地教育孩子分享东西很重要，他会哭，会问为什么一定要跟那个女孩分享他的玩具，这时候你要找出一种儿童容易接受的方式告诉他："因为我如此爱你，我不想你长成一个人人都讨厌的人。"

86

第一次你的小孩打人

到底发生了什么？你非常清楚地记得自己坐在医院里，手臂环抱着这个完美的小生灵，她有小海螺一样的耳朵，袖珍地弯着脚趾头的脚。突然间，她就变成 B 级女高音了，痛打游乐场里的一个小孩，只因为他拿了她想要的玩具推车。不！养小孩不能往这个方向走！她应该成长得天真又善良，对所有生命都有爱心，就像一个费雪玩具版的小特蕾莎嬷嬷。不，我的甜心儿，我们不打人！

不要自责。大部分小孩都打人，直到有人教他们停下来。你的小孩打另一个小孩这个事实，并不表明他卷入了攻击行为的漩涡，很可能是另一个孩子手里拿着一个特别好玩的玩具。我确定就算特蕾莎嬷嬷两岁时也偶尔会推倒另外一个女孩，如果那个女孩不让她读《圣经》中她想读的段落。*

* 好吧，实话说，这个我也不能完全确定，但也许你可以给自己的孩子设定比特蕾莎嬷嬷更低的标准。

87

第一次你意识到他为了得逞而假哭

大部分小孩都是不可思议的好演员，有些小孩演得很假很蹩脚反倒让我感到惊奇。如果我是一个导演，我就坐在小孩旁边说："好，你们演下一幕的动力就是看到妈妈在吃巧克力羊角包，可是她没给你们，所以你们要哭得非常真实，这样她就会投降给你们吃了。开始！"我儿子如此有规律地假哭，我都可以时不时用他"一阵阵悲伤的泪水"浇花了。

88

第一次你跟孩子僵持不下，
因为他断然拒绝穿裤子

未来会有一段时间，你小孩不想穿裤子（鞋或夹克），你会说："不行，你必须穿裤子"，这时，小孩会重新演绎一段四分钟

父母

VS

不想穿裤子的小孩

的成龙功夫片，其中你是那个穿着胸前两排扣衣服、梳着油腻马尾辫*的坏人，他是机智敏捷的英雄，只需几把合上的椅子和一个梯子就把你干翻在地。

你倒吸一口气，问："为什么不穿裤子？"你把住挣扎不休的小孩，想把他的脚伸进裤腿里去。"几百万人每天都穿裤子，你也必须穿裤子。"你喊来一群小喽啰，说："按住他，孩儿们！"这时候你的小孩就像《黑客帝国》里的尼奥一样，摆开架势，与代理人作战。如果你等着我在本段解释为啥小孩不想穿裤子，还不如等我解释有机化学，或者 2012 年的电影《普罗米修斯》的情节，或者紧身牛仔裤的流行，因为我确实啥都不知道。

* 很多个早晨，油腻的马尾辫对你来说倒不算夸大其词。

89

第一次孩子拒绝回到自己的婴儿车上

有些日子小孩超级难搞，就是不想回到自己的婴儿车上，你都开始怀疑这是婴儿车吗，还是军用飞行器的弹射座椅。如果让你二选一，把哭闹着不想回到婴儿车的小孩放回婴儿车，还是把宇宙间所有物质压缩到一个比一粒沙还小的热密点，建议你选后者，因为至少后者理论上你还有成功的可能。

90

第一次你想不起生孩子的细节，
所以考虑生第二个

噢，怀念过去怀孕和生孩子的好时光。它有那么糟糕吗？我的意思是，当然疼，但没那么疼，不是吗？它肯定不像你被一列火车撞了，经受 30 个小时的痛苦折磨，你想象在内战战场上死掉的感觉大抵不过如此。你也没有连续哭上两个星期，穿着带网眼的内裤，用长长的大如皮划艇的护垫。整个经历不可能伴随着失去几个月的睡眠，失去你所有的空闲时间和可支配收入。所有的一切真是这么坏吗？我的意思是，确实有一些艰难的部分，但也没那么坏，不是吗？

你从未见过的
东西来了

STUFF YOU NEVER
SAW COMING

91

第一次你发现手机相册90%
都是小孩的照片和视频

我的手机装满了小孩的照片，以至于我不得不定期删除，才能腾出空间来再拍——显然还是拍小孩。光我儿子一周岁生日那一天拍的照片，就比亚伯拉罕·林肯一辈子拍的照片都多。

如果你想确切知道我到底拍了多少张孩子的照片，从手机里随机抽样 300 张，以下是仅有的几张不带小孩的。

1. 我在某个图片APP上找到的励志名言截图。

2. 快递员弄坏的灯具照片，我拍照想找保险公司理赔。

3. 我在一家天猫店销售目录上找到的饺子形圣诞装饰的照片，想把它发给某人。

4. 我狗狗的很多照片，但比有儿子之前少多了。

5. 从烹饪书上拍下来的一页菜谱，我想学做中东小吃法拉费。

6. 我牙齿的照片，拍下来想看看牙缝里有没有菠菜叶。

92

第一次原本你会苛刻批评的家长，现在你为他们感到难过

"我无法相信那个人竟然控制不了自己的小孩。有些人就是不配当父母。"

你也这样想过。几乎每个人都这样想过，或者有类似的想法——有些父母当得实在是糟糕。所以你对此很清楚，有人也会这么想你。

我们都是为人父母，却很难生出同理心，彼此共情，而是宁愿师心自用、自以为是地评断他人。然而，但凡有一线可能，都值得为相互理解去努力。不要说"这个人不应该在照顾小孩的时候发短信"或者"这个人如果给小孩设置好行为边界，她两岁的小孩就不会大哭大闹了"，要说"这个人已经照顾小孩一整天了，他需要看下电邮，以此感知自己还是个人类"或者"这个人——假设她是电脑游戏里的人物，屏幕右上角就会显示她只剩一滴血了"。记住育儿对于我们所有人都是一场持久的攻坚战。

93

第一次你意识到要很久很久之后，你才能再次在私人空间里透口气

有了孩子之后，使用卫生间就像在士兵纪念日那个周末的时代广场上小便，实在是太放松了！外面吵嚷不安，始终有个牙牙学语的小人儿纠缠着你要做这做那，就像《芝麻街》里的艾摩在这儿，有时又是个戴着牛仔帽的光屁股小孩。在卫生间短暂的时间里，你要做什么就做吧，接受这就是生活的现状，然后打开门该干什么干什么。

94

第一次你把他交给你信任的人，然后放松地冲澡

有小孩意味着你要么在小孩睡觉时洗澡（意味着别的事情都做不了），要么永远不洗澡（这确实是一个选项），要么把孩子带到淋浴间，就像带一只流浪猫跟你一起洗澡一样放松。

产后我妈第一次来看我时说："需要我看会儿娃，你好洗个澡吗？"那感觉就像有人发现我在沙漠里跋涉了好几个星期，递给我满满一勺能喝的水。我妈说："我看着他，你去洗澡吧，爱洗多久洗多久。"如果你足够幸运，有人对你说这种话，迅速

跑进最近的浴室，打开淋浴，在那儿待上个七八天吧。

95

第一次你的小孩不想让你抱，
要找父母的另一方

有时候你的小孩喜欢你，有时候他喜欢父母的另一方，你要理性地理解这事儿。不过有时你特别想跟小孩在一起——只想抱着他肉肉的小腿儿，亲吻他可爱的脸颊——光是把他抱在怀里，让他蜷在身上的想法就会让你觉得这一天没有虚度。你走进家门，疲倦而欢喜，跃跃欲试要和孩子度过一段亲子时光。你的另一半想把孩子递给你，不知什么原因，他大哭起来，好像在你怀里就像被扔进了毒蛇坑。你说："我的宝贝儿！我等了一整天，就想抱抱你，这才是生活！"但出于某种原因，那天你的小孩就像中学食堂里恼人的少年，说："啊？你？我不跟你坐一起！"这事儿也有一个好处，就是小孩不想跟你在一起，你不用看小孩了，尽管这不是此刻你想要的。听到我的话了吗？你自由了！自由！读本书吧！睡个觉吧！一气看完那部每个人都在谈论的电视剧吧。这完全应该让你感觉更好，但多数时候并非如此。

96

第一次你对小孩做出
曾经发誓永远不会做的事

大部分人都有一个清单，列满我们发誓绝对不会对小孩做的事。"如果我有小孩，我绝不让他坐在 iPad 前，也绝不提高嗓门或者发脾气。我绝不会是那种任由小孩哭的父母，也不会他一哭就抱！我当然不会让他吃垃圾食品了，我绝对不会贿赂小孩，陪伴小孩时我永远不会看手机，因为这么做的父母是最糟糕的。"

快速更新以上清单内容：我提高嗓门了；我为自己任由小孩哭和偶尔应该让孩子自己平复情绪时抱起小孩感到十分愧疚；他超开心地吃垃圾食品，因为（剧透警告）我也吃；幸运地让小孩做你自己都不想做的事；我为自己有时看手机感到特别愧疚，我们从来没有把他放到 iPad 前的唯一原因是我们刚好没有iPad。你想象自己会成为的那类父母，跟你实际成为的父母无可避免是不一样的。就像你想象自己长大后会成为的那个人，跟你实际长成的样子也不一样。我们当中有多少人追寻着那个变成大人的梦想，一扭头立刻吃掉了一整盒糖霜。*

* 只有我吗？

97

第一次你意识到
为孩子可以做出不可能的改变

如果几年前有人告诉你，"你会站在公共游泳池里手捧孩子的呕吐物"，你可能会为此嘲笑他们。如果有人告诉我，"即使孩子弄得我腿上都是屎，我仍会平静地握住他的手"，我会断然否定："不，抱歉，你想的一定是别人吧，就算一百万年以后我也不会这么做。"但你会做那些你永远也想不到自己会做的事，也会放弃你从未想象过要放弃的事。

我们给孩子的照片按月分类做了标记，用以持续记录他的成长，但记录我们自身的变化并不容易。我不是指长出眼袋或你快要用某上品折扣店买来的东西堆满橱柜这类表面的变化，而是我们从来无法预知的一些重大变化。那些让你重构什么是生活里优先与重要的事，让你重新确定自我价值感的事，那些让你的心胸变得豁达的事，让你的心脏以指数方式迅速增大，大到像一只可怕的超重的猫，还有这类事——你的小孩哭闹着弄得你满腿是屎，你的第一反应是"他看起来有点烦躁，我只希望他没事就好"，你的第二反应才是"我应该干洗这些裤子了"。

98

第一次意识到你的家长朋友们
跟你有截然不同的育儿理念

我有一个朋友，在她女儿的小床板上装了三层减震垫，一层挨一层。我觉得她完全疯了，太逗了，太可笑了，如此紧张为什么还要让孩子睡在婴儿床上？她觉得我很疯狂，因为出门溜娃时，我不会把娃裹得严严实实密不透风。另一个家长朋友觉得我很疯狂，因为她觉得生孩子无比神奇，而我觉得生孩子比拔牙还无趣。有时候，你喜欢的家长在育儿这件事上会和你有不同的想法。有的人爱干净到恨不能用洗手液装满家里的戏水池，你让儿子当着他的面吃地上捡起来的东西总是有点奇怪，但说真的，从长远看，所有这些事都微不足道。

99

第一次你意识到
你小孩的某个版本一去不复返了

小孩很像微软公司的 Windows 产品，都会不经过你的同意就不停地升级。你觉得你的孩子就是你的孩子，仿佛他们是静态的，但小孩子根本就不是这样。你会从带这个小小的、有各种难以辨别的需求的小玩意儿开始，他嘴里唧唧咕咕，盯着屋顶的风扇看，总是在睡觉，最初你适应的小孩就是这样子，直到有一天你走进房门，发现这个小孩不见了！就是不见了！这时你会想："等等——发生了什么，一分钟之前他还在这儿的！"但那是一分钟之前了，时间走得很快。现在有一个被人换过的新小孩，他长了几颗牙，会笑，还能吃固体食物。你可能小心翼翼地承认这样的小孩也很可爱，你会慢慢地喜欢上这个新小孩，就像你爱以前那个孩子一样爱他，直到有一天回到家，发现这一个也不见了。你想哭出来，"到底是谁在这么干——谁跳着轻快的华尔兹溜进我的房子里，用别的小孩把我家孩子换走了？求求你停下来吧，好吗？"

但你都没有时间难过，因为尽管你爱的那个小孩不见了，还有一个新小孩在他的位置上等待你照顾。这孩子嘴里能冒出几个词——他笑得更多，有一本喜爱的书，头发也多了点儿。尽管你在乎他，但你心里知道，过不了几个月，他也会消失不见的。你让自己爱上他，可他会被一个升级版本替代——一个会说短句子的孩子，不用大人帮忙就会穿鞋。在未来的某些时刻，你再看看你的孩子，他将会是 6 岁或 12 岁或 43 岁。往事历历，对于从前来过的所有小孩的记忆像潮水一样涌向你：他们的小牙；他们睡觉时恬静的脸；你们一起看电影时他们在你身上黏着；他们以前把"骨头（skeleton）"念成"骨头亲戚（skelekin）""勺子（spoon）"念成"苏木（soom）"；你摇晃他们入睡时，他们把小手放在你肩膀上的样子。你并非不欣赏当前这个版本，很明显你也爱这个，只是你的心会为其他所有的孩子感到疼痛。你会热切地看着他们的照片，回想你是多么强烈地爱着每一个孩子，以及当每一个孩子消失时，你是多么伤心。有时候，你会为思念一个严格来说还存在的人而感到自己很傻气，与此同时你知道他们实际上已经不存在了。你的孩子还在，但照片上那个小孩已经消失不见了。

100

第一次你的孩子说："我爱你。"

如果人们列出一个工整的表格，分别写下养小孩的好处和坏处，这样就没人愿意要孩子了。因为坏处能有十亿个。养娃不易。他们在你身上呕吐，他们碰了自己的便便，还想把手指伸进你嘴里，他们限制你的自由，让你的亲密关系变得紧张，你担忧以往从不担忧的事，比如："这个地区的学校怎么样？"或者"她是在吃碎玻璃吗？"他们会突然发脾气，他们有一天会长成少年，如果你称职，他们终有一天会离开你。

怪异的是，养娃的好处却不像坏处这么清晰、实在。好处是这样一类事，比如："当你清晨走进他的房间，他抬起头微笑着看你，你感到如此幸福，以至于你的心脏就要从胸腔里炸裂了。"或者："你坐在摇椅里，他躺在你胸前睡着了，房间如此宁静，你能感觉到他小小的心跳。"从逻辑上来说，可能很难解释这些古怪的情感性的好处怎么能比无穷无尽的众多坏处更有分量。但毫无疑问，它们就是更有分量。

第一次我儿子说："我爱你"，我正给他换尿布换了一半，他抬头看我，微笑着说："我爱你，妈妈。"我眼里涌上泪水，连忙说："我也爱你，小家伙。"即使这很明显在列表的好处一边，但我想以一种奇怪的方式争辩——这也是坏处，因为如此爱一个人能够让人难以置信地痛苦。

养育一个孩子会让人时不时地痛苦和沮丧。我会周期性地感到脆弱和对自己感到不确定——买管牙膏的工夫，我的情绪就能从极度开心跳到不知所措，这令人疲倦和害怕，有时候感到无助。我都不知道自己在做什么。我还会再做一次妈妈吗？

会的。

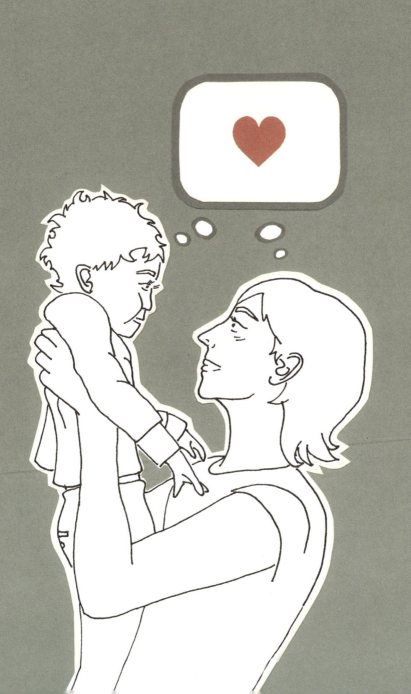

致 谢

首先感谢乔纳森，你是我遇见过的最好的人。谢谢你总是
让我拔出你那根奇怪的长眉毛，它比你别的眉毛长四倍。

感谢我超棒的编辑劳拉·李·马丁雷，耐心指导我完成整
个校订过程，又毫不损伤我的自尊心。感谢伊丽莎白·亚伯乐，
你是第一个联系我，建议我写这本书的人。感谢埃里森·维纳
和唐吉·维特莱斯特的美术设计，感谢纪事出版社团队里的其
他人：莎拉·考茨基、塔玛·斯瓦茨、尤兰达·卡泽尔、斯蒂
芬妮·王。感谢我的代理人艾瑞克·兰德·丝沃曼，他是个妙
人，发型总是让人惊叹。

感谢才华盖世的盖伊·温奇、超级棒的布雷·特伦布莱
（以及她写作团队中的每一个人）、逗比的吉尔·特维斯，还
有弗吉尼亚·速尔·史密斯，你们给我深入的反馈。我从心底
流淌出深深的谢意，给瑞秋·派伦塔、安德里亚·卡吉、阿
瑟·卡尔森和梅丽莎·弗里德曼，感谢你们出色的编辑和眼光。
千恩万谢凯特·康巴和莱斯莉·伯恩斯坦，还有苏·芬克，我

对你们的谢意有整个北美洲那么大。

感谢普莉希拉·达派丝、柔纱瑞·达派丝，还有拉克尔·马尔多纳多，你们给我持续的支持、鼓励和爱。非常感谢卡罗尔和理查德·弗里德曼，你们经常照看孙子，让我能出来透口气，感觉自己还是个人类。感谢帕姆、卡伦和我所有的亲戚，包括血亲和姻亲。生活在两个美妙且互相支持的家庭里，我实在是太幸运了，感谢我爸妈和那些爱写博客的喜剧演员，我从你们那儿得到很多写作本书的灵感。

写给本：看着你成长和学习是我全部人生经历中最让我感到惊奇和陶醉的事，我三生有幸。爱你无以言表，谢谢你。

再次感谢乔纳森。我知道你讨厌我拔出那根超长的眉毛，但你还是让我拔，你别的眉毛都只有半英寸长，那根却足有圣路易斯拱门那么长。你如此美好、有天赋，你是我灵感的源泉，也非常富有耐心。

图书在版编目（CIP）数据

新手爸妈俱乐部：100个必须记录的关键时刻 /
(美) 拉克尔·达派丝著；肖志欣译. -- 北京：北京联合出版公司, 2018.12
ISBN 978-7-5596-2752-0

Ⅰ . ①新… Ⅱ . ①拉… ②肖… Ⅲ . ①家庭教育
Ⅳ . ①G78

中国版本图书馆CIP数据核字(2018)第239603号

北京市版权局著作权合同登记图字：01-2018-7650

新手爸妈俱乐部
100个必须记录的关键时刻

总 策 划：苏 元
作 　 者：[美]拉克尔·达派丝
译 　 者：肖志欣
责任编辑：李艳芬
特约编辑：刘红霞
装帧设计：田 晗

北京联合出版公司出版
（北京市西城区德外大街83号楼9层 100088）
北京联合天畅文化传媒公司发行
北京中科印刷有限公司印刷 新华书店经销
字数 80千字 889mm×1194mm 1/32 4.5印张
2018年12月第1版 2018年12月第1次印刷
ISBN 978-7-5596-2752-0
定价：48.80元